초등 1학년 입학 전에 꼭 알아야 할 32가지

깊은나무는 책에 관한 아이디어와 원고를 설레는 마음으로 기다리고 있습니다. 책으로 만들고 싶은 아이디어가 있으신 분은 이메일(bookrose@naver.com)로 간단한 개요와 취지, 연락처 등을 보내주세요. 머뭇거리지 말고 문을 두드리세요. 길이 열릴 것입니다.

초등 1학년 입학 전에 꼭 알아야 할 32가지

초판 1쇄 인쇄 | 2015년 1월 15일
초판 1쇄 발행 | 2015년 1월 25일

지은이 | 정성준
펴낸이 | 박영욱 · 정희숙
펴낸곳 | 깊은나무

편집 | 지태진
마케팅 | 최석진 · 김태훈
표지 디자인 | 서정희
본문 디자인 | 조진일

주 소 | 서울시 마포구 서교동 468-2번지
이메일 | bookrose@naver.com
트위터 | @Book_ocean
페이스북 | bookocean
전 화 | 편집문의 : 02-325-9172   영업문의 : 02-322-6709
팩 스 | 02-3143-3964

출판신고번호 | 제313-2007-000197호

ISBN 978-89-98822-18-7 (13370)

* 이 도서의 국립중앙도서관 출판예정도서목록(CIP)은 서지정보유통지원시스템 홈페이지(http://seoji.nl.go.kr)와 국가자료공동목록시스템(http://www.nl.go.kr/kolisnet)에서 이용하실 수 있습니다.(CIP제어번호: CIP2014038279)

* 이 책은 깊은나무가 저작권자와의 계약에 따라 발행한 것이므로 이 책의 내용의 일부 또는 전부를 이용하려면 반드시 깊은나무의 서면 동의를 받아야 합니다.
* 책값은 뒤표지에 있습니다.
* 잘못 만들어진 책은 구입하신 서점에서 교환해 드립니다.

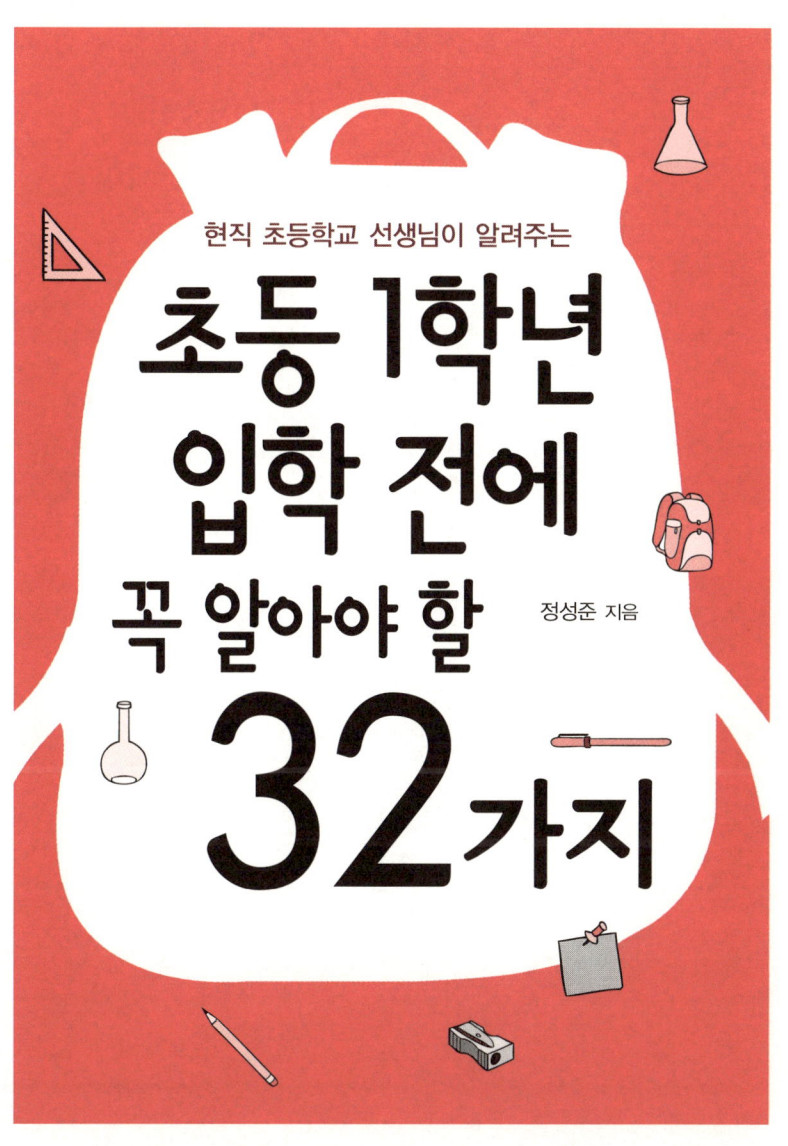

현직 초등학교 선생님이 알려주는

초등 1학년 입학 전에 꼭 알아야 할 32가지

정성준 지음

깊은나무

 머리말

아이가 유치원에 들어갈 때는 '벌써 아이가 자라서 유치원에 다니다니 참 기분이 새롭네' 이런 기분이 든다면, 아이가 초등학교에 들어갈 때면 이와 같은 기분에 여러 가지 알 수 없는 '걱정'과 '두려움'이 더해집니다. 초등학교 교사인 저 역시 아이가 초등학교에 입학하기 전부터 많은 걱정과 고민에 휩싸였습니다. 학교를 선택하는 일부터 작고 소소한 부분까지 오히려 학교에 근무하기 때문에 하게 되는 고민들까지 있었습니다. 새로운 시작은 누구에게나 긴장되고 떨리는 일임이 틀림없지만 유치원을 보낼 때와 초등학교에 보낼 때의 느낌은 매우 달랐습니다.

아이는 아이대로 새로운 환경에 적응해야 하고, 부모는 이제 학부모로 역할을 해야 한다는 중압감이 밀려옵니다.

그저 아이를 학교에 보내기만 하면 되던 시절도 있었지만 지금은 그때와는 여러모로 많이 다릅니다. 특히 초등학교는 세상이 변화하는 속도에 맞추어 점점 빠르게 변하고 있습니다. 가장 큰 변화는 생활수준이 높아지면서 자녀의 학교생활에 대한 부모의 관심이 높아지고 있다는 것입니다.

특히 몇 년 전부터는 아빠들의 관심과 참여도가 높아지는 것을 직접 느낄 수 있게 되었습니다. 예전에는 공개수업을 하는 날 아빠의 모습은 찾아보기 힘들었지만 이제는 아빠들도 잠시 시간을 내어 공개수업에 참여하거나 담임선생님과의 상담에 참여하는 모습을 쉽게 볼 수 있습니다.

요즘 학부모들은 최신 정보를 찾아보고 주변의 도움과 조언을 구하는 데도 적극적입니다. 하지만 잘못된 정보나 추측성 정보는 오히려 혼란만 일으키기 쉽습니다. 저는 예비 학부모들의 궁금증을 풀어주고 학교를 이해하는 데 도움을 주고자 이 책을 썼습니다. 학교 현장의 교사이자 학부모로서 또한 1학년을 오랫동안 맡은 담임선생님의 시각에서 1학년 자녀를 둔 학부모라면 누구나 한번쯤 고민했을 만한 이야기들과 주변 엄마들에게 구전되어 전해오는 이야기들을 풀어나갈 것입니다.

얼마 전 교육열이 심한 지역에서 학생들에게 엄마가 영어로 무엇이냐고 질문했더니 '매니저manager' 혹은 '트레이너trainer'라고 답했다는 이야기가 아직도 잊히지 않습니다. 물론 지금의 어른들이 학교를 다니던 시절보다 아이들에게 신경 써야 할 일들이 많아진 것은 분명합니다. 그렇다 보니 순간순간 부모라기보다는 트레이너처럼 행동하는 모습에 놀라기도 합니다. 그렇지만 좋은 부모가 되겠다고 열심히 읽고 배우고 찾은 정보들로 좋은 부모가 되기보다는 자녀교육이라는 이름으로 스스로를 매니저나 트레이너로 만들어가고 있지는 않은지 생각해봐야 할 것입니다.

이 책이 부모들이 아이와 학교 그리고 선생님을 이해하는 데 조금이나마 도움을 주기를 바라며, 이 책을 읽은 독자들이 이러한 이해를 바탕으로 자녀가 학교생활을 해나가는 데 도움을 줄 수 있기를 바랍니다.

머리말 • 5

1부 학교생활, 아는 만큼 보여요

keyword 1 입학

01 입학 준비, 기본적인 건강검진부터 시작하자 • 17
02 입학 전에 중점적으로 지도해야 할 사항은 어떤 것이 있을까요? • 21
03 준비해야 할 학용품은 어떤 것이 있나요? • 27
04 입학 후에 달라지는 아이의 생활은 어떤 것이 있을까요? • 32
Q&A | 선생님, 알려주세요

keyword 2 생활습관

05 책상 앞에 잠시도 앉아 있지 못하는 아이, 어쩌죠? • 43
06 아침마다 늑장을 부리는데 어떡하면 좋죠? • 48
07 아이가 스마트폰을 붙들고 사는데, 그냥 둬도 괜찮을까요? • 54
Q&A | 선생님, 알려주세요

keyword 3 교내 생활

08 아이가 수업 시간에 집중하지 못한다는데 어쩌면 좋을까요? • 67
09 편식하는 아이라 학교급식에 적응하지 못할까 봐 걱정이에요 • 73
10 자기 물건을 챙기지 못하고 자꾸만 잃어버려요 • 78
Q&A | 선생님, 알려주세요

keyword 4 | 친구

11 아이가 외동이라 친구를 많이 만들어주고 싶어요 • 97
12 아이를 자꾸 때리는 친구가 있는데 어떻게 해야 할까요? • 107
13 아이가 너무 내향적이라서 친구들과 잘 어울릴지 걱정이에요 • 114

Q&A | 선생님, 알려주세요

keyword 5 | 선생님

14 선생님이 너무 젊은 분이어서 걱정이에요 • 125
15 선생님과의 상담은 어떻게 준비해야 할까요? • 130
16 선생님께 감사 표현을 하고 싶은데, 괜찮을까요? • 137

Q&A | 선생님, 알려주세요

keyword 6 | 돌봄교실·방과 후 학교

17 맞벌이라 돌봄교실에 보내려고 하는데 자리가 없대요 • 149
18 방과 후 학교와 공부방 중 어디를 보내는 게 좋을까요? • 151
19 방과 후 학교를 고르는 기준을 좀 알려주세요 • 154

Q&A | 선생님, 알려주세요

keyword 7 ▶ 학부모

20 같은 반 친구 엄마들과 꼭 친해져야 할까요? • 163
21 학부모 단체에서는 어떤 일들을 하나요? • 165
22 직장에 다니는데 학부모 총회에 꼭 참여해야 할까요? • 170

Q&A | 선생님, 알려주세요

2부 학습, 관심을 쏟는 만큼 늘어요

keyword 8 ▶ 숙제·가정학습

23 숙제를 할 때 얼마나 도와줘야 하나요? • 179
24 집에서 공부하는 시간은 어느 정도가 적당할까요? • 185
25 학습지를 꼭 시켜야 할까요? • 191

Q&A | 선생님, 알려주세요

keyword 9 ▶ 학교 공부

26 한글은 꼭 떼고 가야 하나요? • 207
27 받아쓰기 성적이 너무 낮은데 어떡하죠? • 211

28 수행평가가 중요한가요? • 217
29 수행평가는 어떻게 준비해야 할까요? • 220

Q&A | 선생님, 알려주세요

keyword 10 ▶ 사교육

30 1학년 때부터 학원에 보내야 하나요? • 233
31 아이가 가고 싶다는 학원과 부모가 보내고픈 학원이 달라요 • 236
32 영어 학원에는 언제부터 보내는 게 좋을까요? • 238

Q&A | 선생님, 알려주세요

Q&A 못다 푼 궁금증을 풀어요 • 247

초등학교 입학과 동시에 아이의 생활은 완전히 변하게 됩니다. 직장을 다니든 전업 주부든 엄마들의 생활 패턴도 기존과는 상당히 달라집니다. 그래서 아이의 생활이 어떻게 달라지는지 살펴보고 달라지는 환경을 자녀들에게 주지시켜줄 필요가 있습니다.

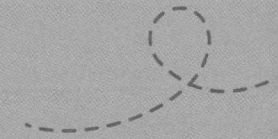

1부

학교생활, 아는 만큼 보여요

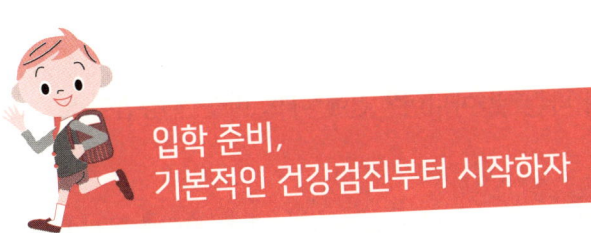

입학 준비, 기본적인 건강검진부터 시작하자 01

    1학년 담임을 하며 학생들과 한 달을 넘게 생활한 4월의 어느 날 오후, 동료 선생님들과 우리 반 학생인 호빈이에 대해서 이야기를 나누고 있었습니다.

    "호빈이가 수업 시간에 자리에 앉아 있지를 못해요."

    "맨 뒷자리인데 필기를 하거나 알림장을 쓸 때면 어김없이 돌아다녀서 너무 힘들어요."

    "호빈이가 앞으로 나오니 다른 아이들도 덩달아 앞으로 나와서 교실이 어수선해지네요."

    이렇게 학생 생활지도에 대한 이야기를 나누고 있을 때 경력이 많으신 선생님께서 한 말씀하셨습니다.

"혹시 아이 시력이 나쁜 것 아니야? 전에 나도 비슷한 경험이 있었는데……."

다음 날 수업 시간에 선생님의 말씀이 떠올라 호빈이에게 칠판에 쓴 글씨를 읽어보라고 하니 생각보다 심각했습니다. 조금 크게 쓴 글씨도 흐릿하게 보이는 모양이었습니다. 하교 후 바로 어머님과 통화를 했는데 부모님조차 호빈이의 시력이 어느 정도인지 모르고 계셨습니다. 시력검사를 받아보라고 말씀드리고 통화를 마쳤는데, 저녁 늦게 다시 어머님으로부터 한 통의 전화를 받았습니다. 시력검사를 받아보니 시력이 아주 나쁜 상태여서 안경을 쓰기로 했다는 것입니다. 선생님께서 알려주지 않았다면 아이가 시력이 나쁜지도 모르고 계속 지낼 뻔했다는 감사 인사도 잊지 않으셨습니다.

그 후로 예비 초등학생 부모들을 대상으로 강의를 할 때면 잊지 않고 시력검사를 받아볼 것을 권하고 방송이나 잡지사 인터뷰를 할 때도 잊지 않고 이야기하고 다녔습니다. 한국의 초등학교에서는 1학년과 4학년 학생들에게 지정병원을 알려주고 의무적으로 건강검진을 받게 합니다.

그런데 여름 휴가 날 1학년 딸아이를 데리고 건강검진을 받으러 병원을 찾은 저는 충격을 받고 말았습니다. 아이의 시력이 0.4, 0.5밖에 나오지 않았습니다. 시력검사를 받으라고 신나게 떠들고 다니던 저는 아내와 아이에게 고개를 들지 못했습니다. 부끄럽지만 이런 이야기를 하는 것은 곁에 있는 부모조차도 아이의 상태를 파악하기가 쉽지 않다는 점을 다른 분들도 꼭 알아두셨으면 하기 때문입니다.

일본에서는 초등학교 입학 전에 시력이나 청력 같은 기본적인 건강검진을 실시합니다. 하지만 우리나라는 입학 후 1, 4학년이 되었을 때 건강검진을 실시할 뿐 입학 전에는 별도의 검사를 실시하지 않습니다. 다만 단체생활을 시작하면 감염에 노출되기 쉬우므로 입학 전 예방접종을 의무화하고 있습니다. 따라서 초등학교 입학 전까지 만 4~6세에 받아야 하는 예방접종을 완료해야 합니다.

입학 전 받아야 하는 예방접종의 종류
DTap 5차
폴리오 4차
MMR 2차
일본뇌염 사백신 4차(또는 생백신 2차)

1학년 담임을 하다 보면 치과 진료나 아토피 혹은 시력 문제로 병원 신세를 지는 아이들을 의외로 자주 보게 되는데 입학 전에 간단한 건강검진을 받으면 입학 후에 병원에 다니는 수고를 덜 수 있습니다.

특히 시력검사는 병원에 가지 않더라도 동네 안과에서 간단히 받을 수 있으므로 입학 전에 꼭 받아보기를 권합니다. 학교에서는 자리에 앉아 칠판이나 TV 화면을 보는 시간이 많으므로 시력은 가장 먼저 점검해야 할 항목입니다. 뿐만 아니라 입학 전에 시간을 내 충치나 축농증, 비염 같은 질환을 미리 치료해두면 아이가 활기찬 학교생활을 하는 데 큰 도움이 될 것입니다.

예방접종 여부는 '아기 수첩'을 활용하면 쉽게 확인할 수 있습니다. 하지만 아기 수첩을 잃어버린 경우 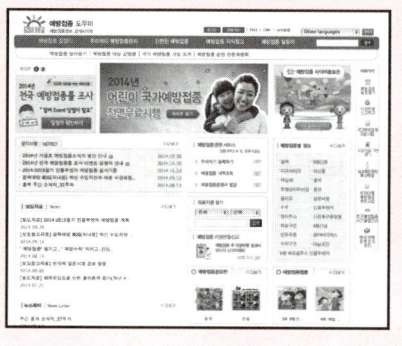 에는 아이가 예방접종을 했는지 안 했는지 가물가물해집니다. 그렇다면 '예방접종 도우미' 사이트(https://nip.cdc.go.kr)를 들어가보세요. 이곳에서 아이의 예방접종 현황을 확인하고 출력할 수 있습니다. 혹시 예방접종을 했는데도 등록되어 있지 않다면 병원에서 아직 입력을 하지 않은 것이므로 이럴 때는 병원에 전화하여 입력을 요청하도록 하세요.

02 입학 전에 중점적으로 지도해야 할 사항은 어떤 것이 있을까요?

　예비 학부모들과 상담하면서 이런저런 조언을 하다 보면 문득 다른 선생님들은 어떻게 생각할지 궁금해집니다. 제 생각은 제 경험에 기초한 것이니 저와 다른 경험을 한 선생님들은 어떤 생각을 가지고 계신지 여쭈어봅니다.

　1학년 아이들과 한 달 동안 생활한 후에 선생님들이 '부모님들께 부탁하고 싶다'고 말한 내용은 무엇일까요? 이 이야기를 들어보면 어떤 준비가 필요한지 알 수 있을 것입니다. 특히 가정에서 중점적으로 지도해야 할 것들은 대부분 꾸준히 지도해서 습관이 되도록 해야 하는 것들입니다. 즉 한두 번의 지도로 쉽게 고칠 수 없는 것들이

기에 평소 가정에서의 지도가 매우 중요합니다.

1 | 연필 잡는 법

연필 잡는 방법은 습관이 되므로 학교에 와서 선생님이 지도를 해도 선생님이 볼 때만 바르게 잡고 선생님이 보지 않을 때는 편하게 잡고 쓰는 학생들이 많습니다. 그러므로 처음부터 바르게 잡고 사용하도록 지도하는 것이 중요합니다.

학교에 오기 전에는 글씨를 쓸 기회가 많지 않아 잘못 잡고 써도 크게 불편함을 느끼지 못하지만 그렇게 글씨를 쓰다 보면 글씨 모양도 문제지만 조금만 필기를 해도 손이 아파 글씨를 쓰기 힘들어집니다. 특히 또박또박 힘을 들여 쓰는 아이는 조금만 글씨를 써도 더욱 힘이 들어 글씨를 쓰는 일을 지겹게 생각해버리고 맙니다.

쉽게 잘되지 않을 때는 문방구 등에서 판매하는 연필 교정기를 구입해서 활용하는 것도 도움이 됩니다. 연필을 바르게 잡는 것은 글씨체를 바르게 하는 데도 도움이 되고 오랫동안 글씨를 적을 때도 손의 피로를 덜어주므로 매우 중요합니다.

특히 연필을 바르게 잡는 방법을 익히고 글씨를 쓰는 연습을 하는 것은 교육적으로도 상당히 많은 가치가 있습니다. 글씨를 쓸 때는 힘을 조절해 글씨의 진하기와 굵기를 조절하게 됩니다. 조금만 힘을 잘못 주어도 연필심이 부러지기 때문에 적당히 힘을 조절하며 원하는 모양으로 글씨를 써야 하는데, 이는 상당히 고난도의 작업입니다. 이를 통해 뇌 발달과 기억력에도 도움이 되니 처음부터 바르게 잡는 법을 지도하는 것이 매우 중요합니다.

2 | 젓가락 사용법

유치원과는 달리 초등학교에서는 급식을 먹을 때 포크를 사용하지 않습니다. 수저와 젓가락으로 점심을 먹는데 덩어리가 조금 큰 음식이나 생선이 나오는 경우 젓가락 사용 능력에 따라 급식을 먹는 속도나 섭취 방법이 달라집니다. 이때 또래에 비해 젓가락질이 서툰 아이는 선생님의 도움을 받지 않으면 음식을 제대로 먹을 수 없습니다.

학교급식은 대부분 저학년 학생들이 먹기 좋은 크기로 조리되어 나오지만 1학년부터 6학년 학생들이 함께 먹는 음식이라 저학년 아이들은 먹기에 불편한 경우가 많습니다. 또한 학교에서는 어른들이 사용하는 젓가락과 수저를 제공하므로 아이들이 다루기에 불편할 수 있습니다. 대부분의 1학년 학생들이 잘 적응하지만 부모의 도움을 지나치게 많이 받았거나 젓가락 사용이 익숙하지 않다면 국수나 면 종류가 나왔을 때 먹지 못하거나 힘들어하기 쉽습니다.

3 | 종이 접는 법과 가위 사용법

　종이를 정확하게 반으로 접거나 가위로 선을 따라 오리는 일을 못하는 학생들이 의외로 많습니다. 아이들이 서툴다 보니 집에서나 유치원에서 가위질을 대신 해주는 경우도 많고, 그러다 보니 학교에서도 으레 선생님께 도움을 청하는 아이들이 많습니다. 한 반에 가위질을 잘 못하는 학생들이 한둘일 경우에는 문제가 되지 않으나 너무 많으면 수업 진행에 지장을 주기도 합니다.

　따라서 적어도 간단한 색종이 접기나 선 따라 가위로 오리는 연습은 입학 전에 충분히 해두는 것이 좋습니다. 집에서 엄마와 색종이 접기를 한두 가지 정도 익히고 가위질도 연습을 통해 익숙해지도록 하면 충분히 향상될 수 있습니다. 이렇게 종이 접기와 가위질을 연습하는 것은 아이의 조작 능력을 향상시키는 데도 도움이 됩니다.

　종이를 접을 때는 접힌 종이끼리 만나는 꼭짓점 부분을 정확히 맞추고 난 후에 접힌 선이 선명하게 접도록 하고, 가위질은 너무 섬세한 부분보다는 직선과 곡선을 자르는 연습을 하면 도움이 됩니다. 답답한 마음에 엄마가 대신 오려주거나 종이를 접어주는 것은 아이가 연습할 기회를 빼앗는 일입니다. 서툴수록 스스로 해볼 기회를 주는 것이 좋습니다.

4 | 규칙적인 기상과 아침 먹기

1학년 아이들은 학교에 오자마자 배가 고프다고 이야기하는 경우가 많습니다. 1학년 담임을 하면서 아이들에게 물어보면 의외로 아침을 먹지 않고 등교하는 아이들이 많습니다.

물론 학교에서 우유 급식을 하지만 아침에 가져온 우유는 냉장된 것이어서 차갑습니다. 그래서 대부분 2교시 후에 우유를 나누어 줍니다.

아침부터 배가 고픈 아이가 수업에 집중하기는 쉽지 않습니다. 등교 시간은 유치원 등원 시간과 차이가 있으므로 엄마도 아이도 입학 전에 기상 시간과 식사 시간을 조정해서 규칙적으로 생활하는 것이 좋습니다. 평소에 일정한 시간에 자고 일어나는 습관을 들이는 것이 좋은데, 등교 시간이 보통 오전 8시 30분 전후이므로 7시에서 7시 30분 사이에는 일어나서 등교 준비를 할 수 있도록 습관을 기르는 것이 좋습니다. 유치원 때부터 아침에 일어나는 것 때문에 고생을 하거나 힘들어한 아이라면 더욱 신경 써야 합니다.

5 | 배변 훈련

민감한 아이들은 학교에서 화장실을 이용하는 데 어려움을 겪기도 합니다. 특히 집이나 유치원의 화장실과 학교 화장실은 구조가 달라서 어색해하는 아이들도 많습니다. 그래서 참고 참다가 교실에서 실례를 하는 아이들도 많습니다.

학교에서 알아서 볼일을 잘 보면 가장 좋겠지만 그러지 못한다면 가정에서 규칙적으로 배변을 하도록 하는 것이 좋습니다. 아침이나 저녁에 규칙적으로 볼일을 보는 습관을 기르도록 하고 학교에서는 쉬는 시간이 되면 꼭 마렵지 않더라도 화장실에 다녀오도록 지도하는 것이 좋습니다.

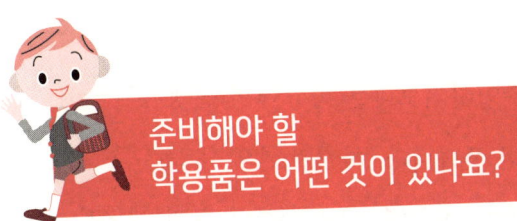

03 준비해야 할 학용품은 어떤 것이 있나요?

　부모님들이 어린 시절만 해도 미술 수업이 들은 날이면 한 손에 스케치북을 들고 등교해야 했습니다. 그렇지만 요즘은 스케치북을 들고 다니는 아이들을 보기가 좀처럼 힘듭니다. 학교에서 도화지를 제공하기 때문입니다.

　초등학교에서는 학생당 연간 약 2만 원의 학습 준비물비를 예산에 반영하여 가정에서 준비물을 준비하는 부담을 덜어주고 있습니다. 새로운 학년이 시작되면 같은 학년을 가르치는 선생님들이 협의하여 필요한 학습 준비물을 예산 범위 내에서 구입하고 신청하여 사용합니다. 따라서 학교나 학년에 따라서 구입하여 사용하는 준비물에는 조금씩 차이가 있습니다.

그래서 학용품은 미리 구입하기보다는 학교에서 선생님의 안내를 받은 후에 구입하는 것이 좋습니다. 하지만 개인적으로 꼭 준비해야 하는 준비물도 있습니다. 1학년은 어떤 제품을 구입하는 것이 좋은지 알아봅시다.

● 연필과 지우개

1학년 어린이들은 진하게 또박또박 쓰는 것을 좋아하는데, 연필을 꽉 쥐고 진하게 쓰려고 하다 보면 손이 아프기도 하고 때로는 공책이 찢어지기도 합니다. 문방구에서 구입해 오는 연필을 보면 대부분 HB 연필입니다. HB 연필은 심이 진하지 않고 단단한데, 아이들이 사용하기에는 심이 진하고 부드러워서 힘을 주지 않아도 진하게 써지는 것이 좋습니다. B, 2B 연필을 사용하면 손도 아프지 않고 부드럽게 써져서 글씨 쓰기에 좋습니다.

글씨가 틀렸을 때는 지우개로 지우는데, 딱딱한 지우개를 사용하면 잘 지워지지 않고 공책이 찢어지는 일도 생깁니다. 그러므로 지우개는 부드럽게 잘 지워지는 말랑말랑한 미술용 지우개를 구입하는 것이 좋습니다.

● 필통

필통은 철제 필통이나 플라스틱 제품 그리고 천으로 된 것들이 대부분입니다. 어른들은 볼펜을 사용하다 보니 필통이 더러워지는 일이 적지만 아이들은 연필을 사용하다 보니 쉽게 더러워집니다. 그러므로 빨아서 사용할 수 있는 천으로 된 필통을 고르는 것이 좋습니다. 또한 철제 필통은 수업 시간에 만지거나 떨어뜨리면 큰소리가 나서 수업을 방해하기도 하고, 다양한 기능이 있는 플라스틱 자석 필통은 망가지기 쉽고 아이들이 수업 시간에 만지작거리는 일이 많으므로 천으로 된 필통을 고르는 것이 좋습니다.

● 가위

손에 잘 맞고 익숙한 도구가 다루기 쉽듯이 가위도 아이 손에 잘 맞아야 사용하기 좋습니다. 그러므로 아무거나 구입하기보다는 아이 손에 한번 쥐어줘보고 불편하지는 않은지 살펴보아야 합니다. 아이가 왼손잡이라면 왼손잡이용 가위를 구해주는 것이 좋습니다. 시중에서 구할 수 없다면 인터넷을 통해 구입하세요.

● 풀

풀은 물풀보다는 고체형 딱풀이 좋습니다. 필요한 만큼 돌려서 이용하고 사용한 후에는 반드시 뚜껑을 덮어두라고 사용 방법을 잘 알려주세요. 풀 뚜껑은 잃어버리기 쉬우니 뚜껑에도 이름을 적어주는 것이 좋습니다.

● A4 비닐 파일

1학년이 되면 학기 초에 가정통신문을 셀 수 없이 많이 받게 됩니다. 이때 가방에 쑤셔 넣어 가져오면 쉽게 구겨지고 학습지와 통신문을 구분하기도 힘듭니다. 그리고 통신문 중에는 가정에서 확인한 후에 학교에 제출해야 하는 것이 많은데 아이들이 스스로 챙기지 못할 때도 많습니다. 투명한 A4 비닐 파일을 활용하면 내용물도 잘 보이고 통신문도 구겨지지 않게 잘 보관할 수 있어 좋습니다. A4 비닐 파일은 1학년 학생들에게 꼭 필요한 준비물입니다. 파일에 아이의 이름과 통신문이라고 적어두면 아이들이 사용하기에 더욱 좋습니다.

● 실내화

실내화는 잘 미끄러지지 않고 신고 벗기 편한 제품을 골라야 합니다. 요즘에는 교실 바닥이 미끄러운 학교가 많아서 미끄러짐 사고로 인한 부상이 많이 생깁니다. 실제로 교실에서 과제 검사를 받고 자리로 돌아가다가 살짝 미끄러지면서 책상 모서리에 잇몸을 찍혀 심한 부상을 입는 경우도 있습니다.

그러므로 실내화는 잘 미끄러지지 않는 것을 고르도록 하고, 위생을 생각한다면 빨기도 쉬운 제품을 고르는 것이 좋습니다. 천으로 된 소재면서 바닥이 고무로 된 실내화가 좋습니다.

이 밖에도 여러 가지 학용품이 있지만 공책만 해도 칸의 수나 선생님에 따라 주로 사용하는 것들이 다르므로 선생님의 안내를 받고 천천히 구매하는 것이 좋습니다. 친척에게 값비싼 미술 세트를 받아 놓고 막상 사물함에 들어가지 않아 학교에서 사용하지 못하거나 정해진 규격에 맞지 않아 추가로 구입해야 하는 학용품들이 생기기도 하니 그 밖의 학용품은 담임선생님의 안내에 따라 천천히 구입하는 것이 좋습니다.

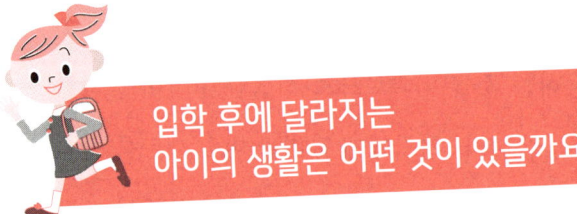

04 입학 후에 달라지는 아이의 생활은 어떤 것이 있을까요?

초등학교 입학과 동시에 아이의 생활은 완전히 변하게 됩니다. 직장을 다니든 전업 주부든 엄마들의 생활 패턴도 기존과는 상당히 달라집니다. 별것 아닌 것 같지만 아이들은 달라진 생활환경으로 인해 스트레스를 받을 수도 있습니다. 그래서 아이의 생활이 어떻게 달라지는지 살펴보고 달라지는 환경을 자녀들에게 주지시켜줄 필요가 있습니다.

● 등교 시간

초등학교의 등교 시간은 대부분 8시 30분에서 40분 전후입니다.

아이에 따라 이 시간은 부담스러울 수도 있습니다. 그러므로 입학을 하면 전보다는 조금 부지런한 생활습관을 기르는 것이 좋습니다.

최근에는 지역에 따라 9시 등교를 실시하는 곳도 있습니다. 부모님이 일찍 출근을 해야 해서 아이를 일찍 학교에 보내는 경우도 있는데, 일찍 학교에 등교한 아이들이 빈 교실을 돌아다니는 것은 매우 위험합니다. 학교에 따라서는 일찍 등교하는 학생들을 위해 도서관을 개방하고 담당선생님이 일찍 나와 돌보기도 하지만 학교에 따라 다르기 때문에 확인할 필요가 있습니다.

● 책상 생활

유치원까지는 대부분 바닥에 앉아서 놀이를 하거나 선생님의 설명을 듣기에 몸을 움직이기가 자유로운 반면에, 초등학교에서는 대부분 생활이 책상에서 이루어집니다. 초등학교에서는 특별한 일이 없는 한 40분의 수업 시간 동안 이동하지 않고 책상에서 수업을 듣습니다. 또한 교실에서 급식을 하는 학교에서는 학생들이 책상에 식판을 올려놓고 식사를 합니다.

책상 생활이 습관이 된 어린이들은 별문제가 아니지만 수업 시간에 앉아 있지를 못하고 자주 일어서거나 돌아다니는 아이는 선생님의 지적을 피할 수 없습니다. 그러니 평소에 가정에서도 책을 읽거나 활동을 할 때 책상에 앉아서 하는 습관을 기르고 적어도 20분 정도는 이동하지 않고 책을 읽거나 그림을 그리는 활동을 하도록 습관화하는 것이 좋습니다.

● **시종 시간**

유치원은 공부 시간과 쉬는 시간의 구분이 명확하지 않은 데 반해 학교는 수업 시간과 쉬는 시간의 구분이 명확합니다. 쉬는 시간에는 다음 수업을 미리 준비하거나 화장실에 다녀오는 등의 일을 해야 합니다.

1학년 학생들은 친구들과 노는 데 정신이 팔려서 화장실 가는 것을 잊고 있다가 수업 종이 치고 나서야 '아차' 하는데 한 시간을 참아보려고 참다 참다 실례를 하기도 합니다. 수업 시간과 쉬는 시간을 지키는 것은 학교생활의 기본이므로 중요성을 꼭 인식시키도록 합시다.

● **화장실 사용법**

유치원이나 가정의 화장실은 아이들이 사용하기에 불편함이 없으나 학교 화장실은 그렇지 않습니다. 학교 화장실에 있는 변기는 대부분 사용 후 레버를 발로 누르는 형태입니다. 이 레버는 비교적 많은 힘을 주어야 눌러지기 때문에 힘이 약한 어린이들은 레버를 손으로 누르다가 포기하는 일이 많습니다. 그렇다 보니 1학년들이 사용하는 화장실은 뒤처리가 깔끔하지 못한 경우가 많습니다.

섬세하고 경험이 많은 선생님들은 학교의 특성에 따라 이러한 부분까지 세심하게 지도해주시지만 선생님들도 놓치기 쉬운 부분이므로 예비소집일이나 학교를 방문할 기회가 있을 때 화장실에 들러 사용법을 자녀에게 설명해주는 것이 좋습니다.

유치원을 다닐 때와 달라지는 몇 가지 환경을 살펴보았습니다. 아주 사소한 부분이지만 아이들에게는 스트레스가 될 수 있습니다. 심한 경우에는 등교를 거부하는 아이들도 있습니다. 입학 후 한동안은 엄마와 마찬가지로 아이도 자신도 모르게 긴장이 되고 조금은 불안한 상태가 지속되므로 학교생활에 대한 이야기를 많이 나누고, 아이가 실수하는 점에 대해서도 아이를 다그치기보다는 편안하게 대해주고, 학교생활에 대해 긍정적인 이야기를 많이 들려주는 것이 좋습니다. 자녀가 힘들어하거나 어려워하는 점이 있다면 담임선생님께 상담을 요청하여 도움을 받는 것도 좋습니다.

Q&A 선생님, 알려주세요

Q 입학 전에 한글을 떼야 한다고 하는데 정말 학교에서는 한글을 가르쳐주지 않나요?

초등학교 국어 교과서를 보면 ㄱ, ㄴ 이렇게 한 글자씩 따라서 쓰고 읽는 것들부터 시작됩니다. 나, 너, 우리 같은 단어들도 등장하고요. 학교에서 배우는 국어 수업과 받아쓰기를 하나씩 따라 하다 보면 1학기가 끝날 때쯤 기억에 남는 일과 자신의 생각을 적는 부분이 등장합니다. 1학기가 끝날 즈음이면 자기 생각을 글로 쓸 줄 알아야 한다고 보는 것이지요.

요즘은 한글을 모르고 학교에 입학하는 학생들이 드뭅니다. 알림장을 쓰거나, 학습지를 풀거나, 혹은 문제나 책을 읽으려면 글씨를 어느 정도 읽고 쓸 줄 알아야 합니다. 그래서 최소한 칠판에 적힌 글씨를 보고 적을 수 있는 정도는 준비할 필요가 있습니다. 그리고 한글 떼기는 국어뿐만 아니라 다른 과목을 공부하는 데도 매우 중요한 과정입니다.

그렇다고 아이에게 너무 무리한 수준의 한글 공부를 시킬 필요는 없습니다. 독서 지도와 함께 교과서 수준의 쉬운 단어 위주로 공부하고 받아쓰기를 준비하는 정도면 충분합니다. 글씨를 익힐 때 쓰기만 강조하는 부모님들도 많은데 읽기도 함께 병행해야 효과가 있다는 점을 잊지 말아야 합니다.

Q 언제까지 함께 등하교를 하는 것이 좋을까요?

아이를 언제부터 혼자서 학교에 보낼지 결정하는 것도 쉬운 일은 아닙니다. 어느 날 출근을 하다 보니 어느 아주머니께서 전봇대 뒤에도 숨으시고 화단 뒤에도 숨으시고 주차된 차 뒤에 쪼그리고 앉기도 하여 이상하다 싶어서 가만히 보니 저 앞에서 1학년 학생 하나가 혼자서 길을 가다가 뒤를 돌아보곤 하면서 뚜벅뚜벅 학교로 향하고 있었습니다.

학부모들의 이야기를 들어보면 일주일만 데리고 다녔다는 부모님도 있고 한 학기 내내 데리고 다녔다는 부모님도 있습니다. 가정마다 등굣길 환경이 다르고 아이의 성향도 제각각이므로 꼭 언제까지 등하교를 함께 하면 좋다는 기준을 명확히 제시하기는 어렵습니다. 아이를 데리고 다니다 보면 아이가 그만 따라오라고 할 때가 있는데 그때부터 자연스럽게 혼자 보내는 것이 가장 좋습니다.

다만 등하교 시에 유의해야 할 사항이 몇 가지 있는데, 상당히 중요한 내용이므로 꼭 실천해주시길 바랍니다.

첫째, 학기 초에 아이와 함께 등교하면서 등교하는 동선을 정해주시길 바랍니다. 아이들은 호기심이 많아 이 길로도 가보고 다른 길로 가보기도 합니다. 학기 초 함께 등교하면서 시간이 걸리더라도 안전한 곳으로 등굣길을 안내해주시길 바랍니다. 때로는 문방구에 들렸다 가는 일도 생기므로 아이가 이용할 문방구까지 정해주는 것이 좋습니다. 이렇게 정해놓으면 간혹 길이 엇갈리는 일도 예방할 수 있습니다.

둘째, 등굣길에 함께할 친구를 만들어주세요. 같은 반 친구여도 좋고 같은 반이 아니더라도 집이 가까운 친구라면 등교 시 서로 든든한 의지가 되겠지요. 문방구나 가겟집 아주머니와 인사하면서 얼굴을 익히고 아이에게도 인사를 하게 하면 급박한 상황에 도움을 청하기도 쉽습니다.

셋째, 결국은 혼자 등하교를 하게 하는 것이 최종 목표입니다. 불안한 마음에 여러 가지 시도를 해보기도 하지만 결국은 아이가 혼자서 등하교를 해야 합니다. 지나칠 정도로 아이를 보호하면 엄마 없이는 등교를 못하겠다고 할 수도 있으므로 주의해야 합니다. 함께 등교하는 친구가 생기면 친구와 함께 등교할 수 있도록 하고, 아이가 부모에게 연락할 수 있는 전화번호를 익히도록 지도해주세요.

넷째, 위험한 길이나 장소는 피하도록 주의를 주세요. 공사 중이거나 차가 질서 없이 마구 다니는 곳, 그 밖에 으슥한 장소 등은 피하여 다닐 수 있도록 아이에게 주의를 줄 필요가 있습니다. 지름길이 있더라도 골목으로 다니는 것보다는 CCTV가 설치된 곳이나 대로를 이용하는 편이 좋습니다.

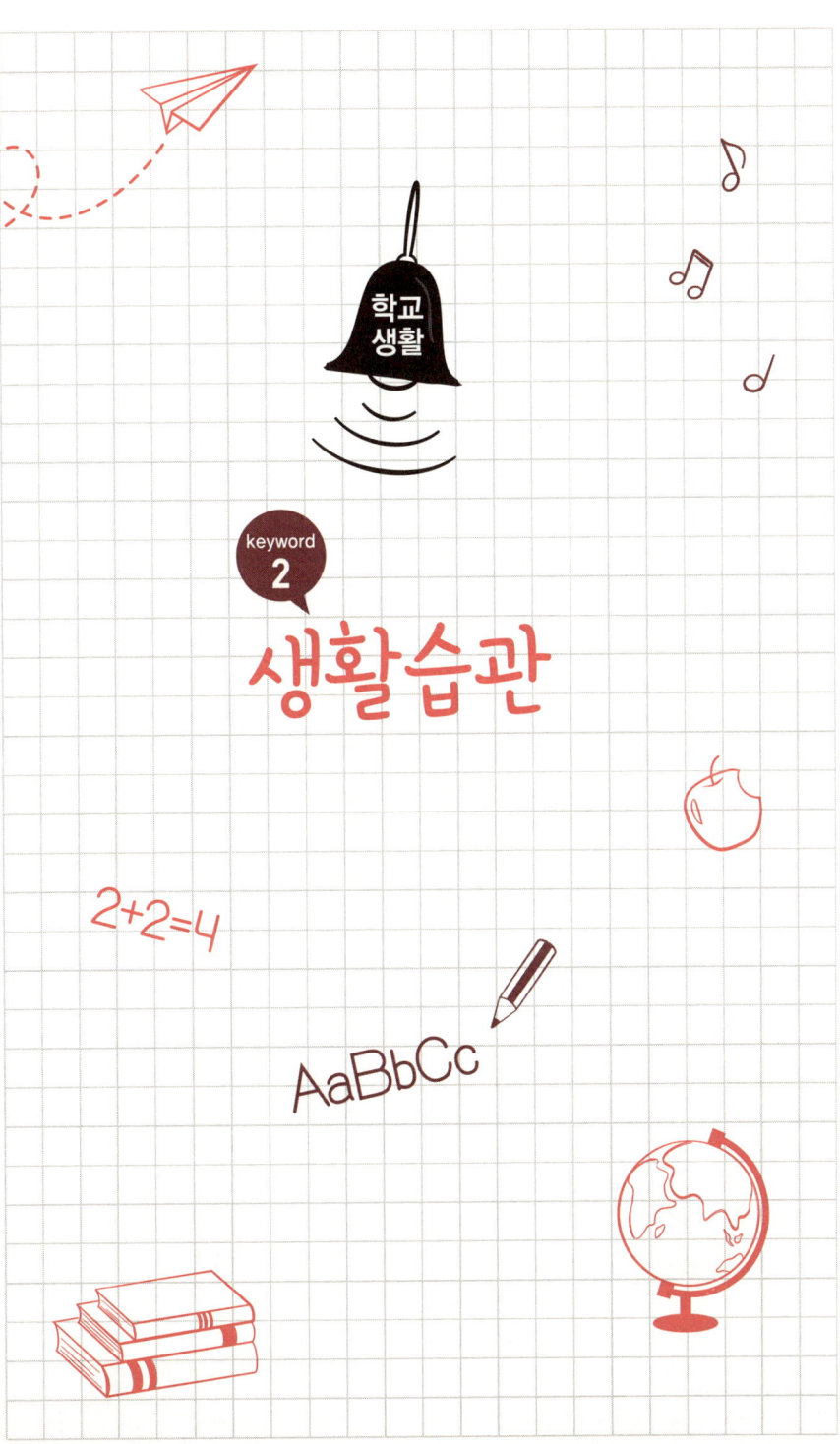

keyword 2
생활습관

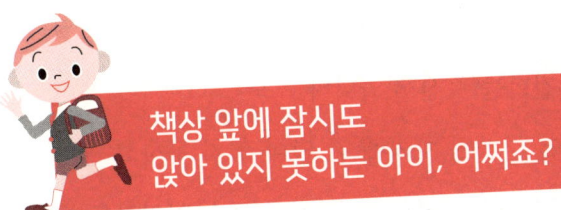

책상 앞에 잠시도 앉아 있지 못하는 아이, 어쩌죠? 05

늦은 저녁 시간, 원준이 어머님에게 한 통의 전화가 걸려왔습니다. 너무 답답한 마음에 미루기 힘들어 늦은 시간인데도 실례를 무릅쓰고 전화를 하셨다고 했습니다. 평소 직장생활에 바빠 원준이를 할머님께서 주로 돌보아주셨는데 학교에서 가져온 학습지를 보다 보니 빼먹고 답을 적지 않은 곳도 너무 많고, 게다가 퇴근길에 만난 원준이와 같은 반 친구 엄마에게 원준이가 평소에 선생님께 주의를 많이 받는다는 이야기까지 듣고 나니 심각하다는 생각이 들었다고 합니다. 그래서 일주일 전부터 잠들기 전에 문제집을 푸는 것을 보아주고 있는데 도통 자리에 앉아 집중을 하지 못하고 자세나 태도가 좋지 않아 야단을 치다가 '혹시 아이에게 어떤 문제가 있는 건 아닐까?' 하는 걱정이 들어 전화를 주신 것입니다.

실제로 원준이는 수업 시간에 자리에 잘 앉아 있지 못하고 돌아다녔습니다. 맨 앞에 앉혀두었는데도 맨 뒤에서 무슨 일이라도 벌어지면 참지 못하고 달려와서 관심을 보여야 직성이 풀리는 성격이었습니다. 하지만 학기 초에 비해서 점점 태도가 좋아지고 있어 별로 걱정을 하지는 않았습니다. 다만 친구들이 수업에 집중하는 데 방해가 되는 행동을 해서 지도를 받곤 했습니다.

집에서는 별문제 없이 잘 지내는데 다른 부모님들이나 담임선생님을 통해 아이가 문제 행동을 한다는 이야기를 들으면 갑자기 걱정과 고민이 몰려옵니다. 특히 수업 시간에 자리에 잘 앉아 있지 못하는 것은 학습 태도에 문제가 있음은 물론이며 수업에 집중하지 못한다는 것을 나타내고, 그러면 당연히 선생님께 자주 지적을 받거나 야단을 맞을 수밖에 없지요. 특히 학기 초에 이런 행동을 하면 선생님께 자주 지적을 받게 됩니다. 활발하고 적극적인 성격이 나쁜 것은 아니지만 때와 장소를 가리지 못하면 문제가 됩니다.

아이의 태도에 문제가 있다는 것을 발견하기 가장 좋은 사람은 바로 담임선생님과 늘 곁에서 지켜보는 부모님입니다. 때론 집에서 아이를 너무 자유롭게 놔두는 것이 공동생활을 하는 학교에서 문제가 되기도 합니다. 학교에서는 매시간 정해진 계획에 따라서 생활을 해야 하는 반면 아무래도 집에서는 조금은 느슨한 생활을 하게 되는

게 사실입니다. 그렇지만 공부하는 습관이나 태도가 문제가 된다면 집에서도 더욱 관심을 기울여 지도해야 합니다. 밥상에서 밥을 먹는 것이 당연하듯이 공부는 책상에서 해야 합니다.

무엇보다 책상에 앉아서 공부하는 습관을 들이도록 하는 게 가장 중요합니다. 부모님이 아이를 '공부를 좋아하는 아이'로 만드는 것은 불가능에 가까울 정도로 아주 힘든 일이지만 책상에 앉아서 공부하는 습관은 길러줄 수 있습니다. 잠시도 앉아 있지 못하는 아이를 지도하는 데 도움이 되는 방법을 살펴봅시다.

● 1단계_ 책상 정리

집집마다 아이의 책상을 살펴보면 그 모양이 참 다양합니다. 음료수 캔이 올려져 있기도 하고 먹다 남은 간식이 놓여 있기도 합니다. 아이가 책상에 잘 앉아 있지 못한다면 먼저 책상부터 정리하세요. 책상 위에는 공부에 필요한 최소한의 물건들만 올려두도록 하세요. 그 외의 모든 것은 아이의 집중력을 분산시키는 방해물입니다. 책을 읽을 때는 책만 책상 위에 두도록 하고 학습지를 풀 때는 학습지와 지우개 연필 한 자루만 올려놓으면 됩니다.

● 2단계_ 시간 목표 정하기

'20분간 책 읽기' 같은 책상에 앉아 있는 목표 시간을 정하세요. 또는 '문제지 한 장을 다 풀 때까지 앉아서 공부하기' 같은 목표를 설정하세요. 다만 처음부터 너무 많은 학습량을 제시하거나 오랜 시간 공부하는 것을 목표로 제시하는 것은 바람직하지 않습니다. 아이에게 먼저 책을 보거나 공부를 하게 한 후 잠시 관찰하면 아이가 집중할 수 있는 시간을 가늠할 수 있습니다. 목표 시간은 조금 노력하면 해낼 수 있는 정도로 잡는 것이 좋습니다. 아이가 문제를 푸는 것을 힘들어하면 꼭 한 장을 다 풀 것이 아니라 3문제 또는 5문제 풀기 이런 식으로 양을 조절해주세요.

● 3단계_ 약속하기와 보상하기

책상 정리와 시간 목표 정하기가 끝났다면 이제는 실천이 중요합니다. 1, 2단계만으로 책상에 앉아 공부하기가 잘된다면 다행이지만 그렇지 않다면 아이의 성취동기를 자극하기 위해 적절한 보상을 곁들이는 것이 좋습니다. 처음에는 과자나 사탕 같은 간식을 이용해도 좋습니다.

이렇게 적절한 보상을 통해서 의욕을 높이되 지나친 선물이나 간식을 제공하다 보면 보상이 없이는 하지 않는 일도 생깁니다. 우선 간단한 간식으로 시작하고 목표 시간을 늘려가면서 일주일 동안 책상에서 잘 공부했다면 토요일에 같이 하고 싶은 것을 하고 놀아주기 같은 보상을 해주는 것이 좋습니다.

책상에 앉아서 공부하는 것 자체가 유치원을 졸업하고 학교에 들어온 아이가 맞이하는 커다란 변화 중 한 가지입니다. 유치원에서는 바닥에 앉아 선생님의 설명을 듣고 놀이를 하거나 활동을 하는 반면 초등학교에서는 활동이 필요한 수업을 제외하면 거의 모든 수업이 책상에 앉아 이루어지고 이러한 학습 환경은 고등학교까지 계속됩니다. 따라서 책상에서 공부하는 습관을 들이는 것은 매우 중요합니다. 또한 책상에 앉아 있는 자세도 중요하므로 의자에 바르게 앉는 방법을 함께 지도할 필요가 있습니다.

의자에 바르게 앉는 법
- 엉덩이는 의자 안쪽으로 당겨서 앉는다.
- 등받이에 등이 가볍게 닿도록 앉는다.
- 턱은 자연스럽게 아래로 당기고 다리는 90도 이상으로 자연스럽게 펴서 앉는다.
- 발이 바닥에 닿게 한다.

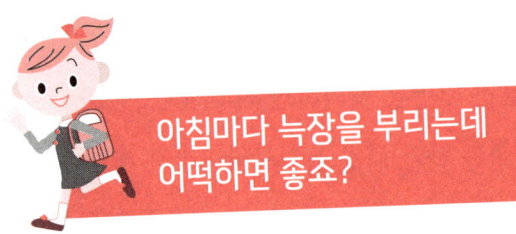

아침마다 늑장을 부리는데 어떡하면 좋죠?

06

　어느 날 방송국에서 연락이 왔습니다. 깨우는 일부터 유치원에 보내는 것까지 매일 아침마다 아이와 전쟁을 치르던 한 엄마로부터 긴급 SOS가 방송국으로 접수되었다고 했습니다. 아들인 보국이는 7살로 초등학교 입학을 앞둔 터라 엄마의 걱정이 이만저만이 아니었습니다. 솔루션을 진행하기 전 방송작가와 담당 PD의 인터뷰 자료를 보니 사연은 대략 이러했습니다.

　아이는 아침에 일어날 때 30분 이상 실랑이를 벌이고 때로는 할머니까지 합세해야 겨우 일어나는데 어떤 때는 유치원 차가 올 시간이 거의 다 되어서야 일어나 밥도 먹지 못하고 대충 씻고 나가곤 한다고 했습니다. 심지어 차를 타지 못해 유치원에 가지 못하거나 씻지도 못하고 간 적도 있다고 했습니다. 유치원에 가지 못하면 엄마가 내주는 학습지를 잠시 하고는 TV를 보면서 하루를 지내는 아이 때문에 방송에 신청을 하게 되었다는 사연이었습니다.

마침 2월이다 보니 입학식도 3주 정도 남은 상태라 초등학교 입학에 관련된 부분까지 솔루션을 해주기로 하고 새벽 5시 30분에 담당 PD와 함께 만나서 아이가 일어나는 순간부터 함께 하며 솔루션을 진행했습니다. 보국이는 어린 동생이 있었는데 방이 두 칸인 집에서 동생과 할머니가 한방에서 함께 잠을 자고 보국이는 엄마와 함께 잠을 잤습니다. 해결책으로 제시한 내용을 정리해보면 다음과 같습니다.

1 | 잠자는 시간과 일어나는 시간을 일정하게 하자

학교에 입학하면 모든 생활이 계획에 따라 규칙적으로 진행됩니다. 등교 시간부터 시작하여 학교를 마칠 때까지 정해진 계획에 따라서 하루가 진행됩니다. 따라서 학교생활을 정상적으로 하기 위해서는 잠자고 일어나는 시간도 일정하게 하는 것이 좋습니다.

보통 학교의 등교 시간이 8시 30~40분 정도임을 감안하면 1학년은 7시 20분 정도에는 일어나서 씻고 식사를 하고 등교를 하는 것이 좋습니다. 학교가 아주 가까운 경우에는 아침 시간을 활용해 학습지를 한두 장 정도 풀어보는 활동을 하면 시간을 아껴 쓸 수 있습니다.

잠자는 시간과 일어나는 시간 중에서 꼭 지켜야만 하는 시간은 일어나는 시간입니다. 학교생활을 제대로 하려면 전날 늦게 자더라도 정해진 시간에 일어나야겠지요. 따라서 충분한 휴식을 취할 수 있도록 잠자는 시간을 정하고 아이가 습관이 들 때까지 가족 모두 노력해야 합니다. 입학 전에 습관을 들이려면 좋아하는 드라마 시청은 포기하더라도 한동안 가족이 함께 잠자는 분위기를 만들어줄 필요가 있습니다.

위 사연의 보국이는 7살인데도 엄마와 함께 방에서 생활하다 보니 엄마와 늦은 시간까지 드라마를 보고 11시가 되어서야 잠이 들었습니다. 이렇게 늦게 잠이 들면 일찍 일어나기는 당연히 힘들어집니다. 이런 상황에서 "너는 내일 유치원에 가야 하니까 일찍 자야 해" 같은 말은 아무런 소용이 없습니다.

2 | 아이가 학교생활을 시작하면 엄마는 더 부지런해져야 한다

아이가 학교생활을 시작하면 유치원 때와는 달리 아침에도 해야 할 일들, 챙기거나 확인할 일들이 많아집니다. 보국이 어머님은 아침에 보국이를 깨우고 쌀을 씻고 밥상을 준비하다가 깨워도 일어나지 않은 보국이를 다시 깨우고 반찬을 만들기도 했습니다. 돌아보면 보국이는 또 누워 있고, 국은 끓고, 말 그대로 정신이 없는 아침 시간이었습니다.

저는 보국이 엄마에게 한 시간 일찍 일어날 것을 권했습니다. 아이를 깨울 때 식사 준비를 마치고, 아이가 일어나 화장실에 다녀와 세수를 한 후에 바로 밥을 먹을 수 있도록 미리 준비해두어야 합니다. 아침에 엄마가 바쁘고 정신없이 지내다 보면 아이에게 짜증만 내게 되고 말 한마디에 착착 움직이지 않는 아이에게 화를 내게 됩니다. 아이의 아침 습관을 바로잡아주려면 엄마가 미리 준비하고 곁에서 지도해야 합니다.

3 | 잘 재우는 것이 더 중요하다

학교나 유치원에 잘 적응하지 못하는 등 특별한 문제가 있어 아이가 문제를 일으키는 것이 아니라면 깨우는 것보다 잘 재우는 데 더 신경을 써야 합니다. 잠자리를 준비하기 전에 씻기와 책 읽기, 화장실 다녀오기 같은 일들을 정해두고 함께 잠자리에 들어 잠을 자는 습관을 길러주는 것이 좋습니다. 샤워는 몸을 개운하게 해주어 편안하게 잠드는 데 도움이 되고 잠자기 전에 책을 읽는 것도 자연스럽게 잠이 드는 데 도움이 됩니다.

충분히 자면 건강에 좋을뿐더러 일찍 눈을 뜰 수 있어 아침 시간이 여유로워집니다. 아침에 아이를 깨워도 잘 일어나지 않는다면 일찍 잠자리에 드는 데 초점을 맞추어야 합니다. 아이에게는 자라고 하면서 거실에서 TV를 크게 틀고 시청하거나 아이 혼자 두는 것은 아이가 일찍 잠자리에 드는 데 도움이 안 됩니다.

4 | 아침 미션을 부여하자

밥상을 차릴 때 수저 놓기나 물을 따라두기 같은 미션을 아이에게 부여하는 것도 도움이 됩니다. 아침 준비도 엄마가 하는 것이 당연하다고 생각하는 아이들이 많습니다. 오히려 깜빡 실수를 한 엄마가 아이에게 미안해하는 모습도 흔히 볼 수 있습니다.

아침에 일어나서 아이가 할 수 있는 일을 한 가지 정도 정해주면 책임감도 기를 수 있고 그런 임무를 수행하면서 기분을 전환할 수도 있습니다. 열심히 잘할 경우에는 칭찬이나 적절한 보상을 해주면 더욱 좋겠지요. 배달 온 우유를 가지고 오거나 신문 가져오기 같은 미션을 줌으로써 아침 시간에 자기도 가족을 위해 무언가를 할 수 있다는 것을 교육하면 좋습니다.

늦장 부리는 아이를 위한 몇 가지 조언을 드렸습니다. 사실 늦장 부리는 것보다 더욱 심각한 것은 초등학교 입학 후 학교 부적응으로 인한 등교 거부증입니다. 등교 거부증이 많이 일어나는 시기는 초등학교에 입학하는 7, 8세경입니다. 부모와 떨어지는 것이 불안해서 그런 경우도 있고 학교생활에 적응하지 못하거나 교우 관계에 문제가 있는 등 이유는 무척 다양합니다.

아이가 학교에 등교하기 전 늑장을 부리는 경우 등교거부증도 의심해볼 필요가 있습니다. 나타나는 증상은 다양합니다. 이런저런 핑계를 대면서 늑장을 부리거나 배나 머리가 아프다고 하는 경우도 있고, 혹은 아침에 화장실을 여러 번 들락날락하는 경우도 있습니다.

저학년 때는 주로 엄마와의 분리 불안이나 교우 문제가 원인인 경우가 많으므로 등교 거부증이 의심된다면 아이와 대화를 통해 원인을 알아보고 담임선생님께 도움을 요청하세요. 그러면 대부분 쉽게 해결할 수 있습니다. 유치원을 졸업한 아이들에게 학교생활은 적응하기까지 커다란 스트레스 요인이 된다는 것을 명심해야 합니다. 따라서 입학 초기에 부모의 관심이 많이 필요합니다.

07 아이가 스마트폰을 붙들고 사는데, 그냥 둬도 괜찮을까요?

요즘 아이들은 태어나면서부터 스마트폰과 함께 생활한다고 해도 과언이 아닐 겁니다. 예전에는 텔레비전이나 컴퓨터에 지나치게 빠져드는 아이 때문에 골머리를 앓는 부모들이 많았습니다. 요즘 부모들을 골치 아프게 만드는 스마트폰은 텔레비전이나 컴퓨터와 비교할 수 없을 정도로 심각한 문제를 일으킵니다. 스마트폰은 집뿐만 아니라 언제 어디서든 사용할 수 있고 일상생활 전반에 걸쳐서 스마트폰을 사용하는 일이 많아졌기 때문입니다.

아이들은 스마트폰으로 주로 게임을 합니다. 학년이 올라가면서 음악이나 동영상 시청, 인터넷 검색이나 만화 보기 등 사용하는 범

위가 넓어지지만 저학년 아이들은 주로 게임을 합니다.

일부에서는 학생이 휴대전화를 가지고 다니면 수업에 방해가 되고 지나친 사용은 건강에도 문제가 된다는 점을 내세워 학교에 휴대전화를 가지고 오지 못하도록 하자고 주장하기도 합니다. 실제로 학교에서는 스마트폰으로 인해 많은 사건과 문제들이 일어납니다. 최신형 스마트폰을 가진 친구가 부러워 질투를 하는가 하면, 스마트폰이 없다는 이유로 놀림을 받는 아이도 있고, 밤늦게 문자를 보내 친구 어머니에게 꾸중을 듣기도 하고, 스마트폰 채팅을 통해서 친구를 욕한 것이 문제가 되어 학교에 부모님들이 불려오는 일도 있습니다.

원준이네는 맞벌이 가정입니다. 아빠는 야근으로 집에 늦게 올 때가 많아 엄마가 전적으로 원준이를 돌보고 계십니다. 원준이는 초등학교에 들어간 후로 엄마가 퇴근해서 돌아오는 시간까지 방과 후 수업을 받고 학원에서 공부를 하는데 급한 연락이 필요한 경우를 대비해 아빠가 사용하던 스마트폰을 아이에게 주었습니다.

아이에게 스마트폰을 주고 난 후 원준이 엄마는 퇴근 전 통화로 아이의 상태를 물을 수도 있어 마음이 많이 편해졌습니다. 집에 와서 식사 준비를 할 때도 예전에는 종알종알 떠들어대고 졸라서 힘들었는데 아이가 스마트폰으로 게임을 하면서 혼자 조용히 지내자 훨씬 수월해졌습니다.

그러나 시간이 흐르면서 집에 와서 스마트폰만 만지는 시간이 너무 길어진다 싶어서 아이의 스마트폰을 빼앗는 순간 갑자기 아이는 표정이 확 변하면서 신경질적인 태도를 취했습니다. 그런 모습을 보고 원준이 엄마는 이대로는 안 되겠다 싶어 상담을 요청했습니다.

2013년에 여성가족부에서 조사한 내용을 보면 '10명 중 1명이 스마트폰에 중독'이라는 통계가 있고, 그해 7월에 조사한 결과에 따르면 초등학생 가운데 48.8퍼센트가 스마트폰을 보유하고 있다고 합니다. 언론에서 보도하는 자녀의 스마트폰 사용에 관한 기사들은 대부분 스마트폰 사용의 유해성을 다룬 것들이고, 주변의 사례를 보더라도 여러 문제점이 드러나는 것이 사실입니다. 스마트폰을 아이에게 사 주었다면 다음과 같은 조언을 참고하시길 바랍니다.

1 | 스마트폰 사용을 관리, 통제하자

처음에 컴퓨터로 인터넷을 하거나 동영상을 보기 시작했을 때도 여러 가지 문제들이 거론되었지만 이제 컴퓨터는 우리 생활에 없어서는 안 될 중요한 도구가 되었습니다. 스마트폰도 일종의 개인용 컴퓨터에 해당하므로 결국은 같은 문제라고 할 수 있습니다.

컴퓨터나 스마트폰 중독에 관한 자료를 보면 아이들을 제대로 관리, 통제하지 못하고 혼자서 이러한 기기를 다루게 하면 더욱 쉽게 중독에 빠지는 경향이 있다는 것을 알 수 있습니다. 저녁 시간 이후에는 게임을 못하게 하거나 주말에만 하게 하는 등 나름대로 관리

계획을 세워야 합니다. 아이의 스마트폰 사용을 관리, 통제하지 않고 자녀에게 스마트폰을 쥐어주는 것은 독이 든 아이스크림을 쥐어주는 것과 같습니다.

2 | 긍정적인 사용법을 지도하자

아이가 양치질을 배울 때 우리는 아이에게 치약을 짜서 묻히고 잇몸 구석구석을 깨끗하게 닦는 방법을 알려주듯이 아이에게 알고 있으면 유용한 스마트폰의 기능을 가르쳐주는 것이 좋습니다. 대부분 부모들이 사 주기만 하고 아이들이 알아서 사용법을 배우다 보니 손쉽게 접할 수 있는 유해한 정보와 기능을 먼저 배우는 경우가 많습니다. 게임과 오락 기능을 사용하기 전에 학습에 도움이 되는 사전찾기 기능이나 교육적으로 도움이 되는 앱을 먼저 설치하시길 바랍니다.

3 | 부모와 소통 도구로 적극 사용하자

스마트폰을 부모와 아이가 서로 소통하는 도구로 사용해보세요. 말로 하기 힘든 속마음을 전달하거나 서로 공유할 수 있는 카페나 프로그램을 이용하여 가족들의 일상생활을 찍은 사진을 모아보기도 하고 서로 의견을 전달하고 활용하는 매체로 스마트폰을 사용하도록 초기에 적극적인 지도가 필요합니다.

4 | 구입 전에 충분한 사전 약속이 필요하다

대부분 부모들이 스마트폰을 사 주고 난 후에 문제가 발생하면 그제야 이리저리 고민을 해결하기 위해 분주하게 움직입니다. 그러기보다는 아이에게 스마트폰을 사 주기 전에 미리 약속을 정하는 것이 좋습니다. 사용 시간이라든지 사용 방법을 정하고 약속을 위반했을 경우 가차 없이 정해진 벌을 주도록 하세요. 예를 들어 저녁 9시 이후에 게임을 하지 않기로 했는데 약속을 어겼다면 3일간 스마트폰을 압수하는 것처럼 말입니다.

스마트폰이 빼앗아 가는 대표적인 것이 바로 독서 시간입니다. 스마트폰을 사용하기 시작한 아이들은 책을 읽는 시간이 줄어듭니다. 책을 읽는 것보다 스마트폰을 가지고 노는 것이 훨씬 자극적이고 재미있기 때문이지요. 그러므로 아이가 스마트폰을 사용하더라도 독서 시간을 일정하게 유지할 수 있도록 미리 약속을 해두는 것이 좋습니다.

위에서 언급한 원준이의 사례는 우리 주변에서 흔하게 겪는 일입니다. 다행히도 원준이는 그리 심각한 상태가 아니었기에 등교할 때 엄마가 스마트폰을 주고 퇴근 후에는 엄마가 스마트폰을 받아두기로 약속하여 엄마의 고민을 해결할 수 있었습니다.

요즘 대부분 초등학교에서는 스마트폰을 휴대할 수는 있으나 학교에서는 사용하지 않는 규칙을 적용하고 있습니다. 담임선생님에 따라 아침에 등교하면 거두어두기도 합니다. 아이들이 스마트폰을 통해서 게임에 지나치게 빠져들거나 음란물을 접하기도 하는 등 각종 문제가 일어나기 때문에 아이의 스마트폰 사용에 각별한 관심을 기울일 필요가 있습니다. 그리고 사용 규칙을 정하는 것은 아이의 스마트폰 사용 습관에 아주 커다란 영향을 미치므로 반드시 사전에 약속을 정해두어야 한다는 점을 명심하시길 바랍니다.

Q&A 선생님, 알려주세요

Q 아이가 유치원에서 돌아오면 어질러놓은 것을 따라다니며 치워야 해서 너무 힘이 듭니다. 아직 유치원을 다니는 아이라 뭐든 도와주어야 한다는 생각에 열심히 따라다니며 치워주는데요. 학교에 가면 스스로 챙기고 정리도 해야 한다는데 걱정입니다. 학교에 가면 다 잘할 수 있을까요?

솔직히 말씀드리면 정리 정돈을 못하거나 자기 물건을 챙기지 못하는 아이는 선생님께 꾸중 들을 일이 많습니다. 선생님께서 전혀 도와주지 않는 것은 아니지만 초등학교에 입학하면서부터는 물건을 챙기거나 주변 정리를 하는 것은 아이의 몫입니다. 그렇다 보니 항상 주변이 지저분하거나 자기 물건을 챙기지 못하는 아이는 선생님은 물론 친구들에게까지 비난을 받을 수도 있습니다. 학년이 올라가서도 이런 습관은 쉽게 고쳐지지 않습니다.

저도 늘 바닥에 안내장이나 공책을 흘리고 다니는 한 학생의 물건을 챙겨주다 보니 결국 집에서는 엄마가, 학교에서는 교사인 제가 다 치워주고 챙겨주어야 했습니다. 아이의 습관을 고치기 위해 수업을 마치면 교과서를 책상에 넣고 다음 시간 책을 꺼내라고 지도했습니다. 쉬는 시간 종이 울리면 자리에서 일어나기 전에 사용한 교과서를 정리해서 책상 서랍에 넣어두게 하고 매시간 검사를 했습니다. 일주일쯤 지나자 검사를 하지 않아도 책을 넣더군요.

가정에서도 마찬가지입니다. 신발을 벗어서 가지런히 두거나 책을 읽고 원래 자리에 두는 것 같은 일들이 습관이 되도록 지도해야 합니다. 대부분은 잔소리만 하다가 엄마가 대신 해주고 마는 경우가 많습니다. 끈기를 가지고 지도해야 할 부분입니다.

이러한 행동은 잔소리만으로는 고칠 수 없습니다. 지도하는 부모님에게도 끈기와 노력이 필요합니다. 끈기가 없는 부모님은 아이가 어질러놓은 것을 치우는 일이 결국 자기 몫이 되고 맙니다. 학년이 올라갈수록 잘못된 습관이 있는 아이들은 친구들 사이에서도 인정받지 못하게 됩니다. 어려서부터 꼭 실천하고 바르게 지도해야 할 부분입니다.

Q 가정에서 지도해야 할 생활습관은 어떤 것들이 있을까요?

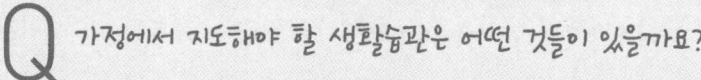 가정의 교육 분위기가 그대로 아이들의 행동에서 묻어나옵니다. 옷을 입거나 인사를 하는 태도에도 평소 가정에서 배우고 익힌 것들이 그대로 드러나는데요. 교사로서 아이들을 가르치다 보면 내 아이를 학교에 보내기 전에 '이런 것들은 꼭 지도해야겠다'는 생각이 드는 것들이 있습니다.

● 소리 내어 인사하기

선생님이나 친구들에게 먼저 목소리를 내어 인사하는 것은 여러 가지로 좋은 점이 많습니다. 좋은 인상을 심어줄 수 있을 뿐만 아니라 인사를 나누다 보면 자연스럽게 대화를 이어나갈 수 있어 서로 친해지기도 쉽습니다. 선생님과 마주쳐도 인사는커녕 고개를 돌리거나 눈을 피하는 모습이 예뻐 보이기는 힘들겠지요.

● 식사를 깨끗하게 하고 치우기

식사를 마친 식판을 보면 음식을 조금 남기더라도 깨끗하게 먹고 식판을 치우러 나오는 어린이가 있는 반면 국이나 반찬이 뒤섞여 식판이 지저분하고 치우지도 않고 밖으로 나가서 노는 아이도 있습니다. 그런 모습을 보면서 식판뿐만 아니라 자기 물건이나 책을 스스로 정리하는 습관이 꼭 필요하다고 느꼈습니다.

- "감사합니다", "고맙습니다" 하고 말하기

선생님이 사탕을 주거나 친구가 학용품을 빌려줄 때 꼭 감사 인사를 전하는 어린이가 있습니다. 이런 작은 감사의 표현에도 친구들은 기분이 좋아집니다. 실수를 하거나 고마운 일이 있을 때 감사의 마음을 소리 내어 전하는 습관이 꼭 필요합니다. 가정에서 엄마가 도움을 줄 때도 "감사합니다"라는 인사를 전할 수 있도록 평소에 지도하는 것이 좋습니다.

- 컴퓨터나 TV 사용 시간 지키기

어린아이가 TV나 컴퓨터 앞에 지나치게 오래 앉아 있는 모습은 보기 좋지 않습니다. 특히 어린아이들일수록 게임이나 인터넷에 쉽게 중독됩니다. 심지어 학교에 와서도 컴퓨터 모니터만 바라보는 아이도 있습니다. 가정에서부터 절제를 하며 사용할 수 있도록 지도해주시길 바랍니다.

- 정해진 시간에 잠들고 일어나기

학교 일과는 정해져 있습니다. 이런 일과에 맞추어 규칙적으로 잠들고 일어날 수 있도록 지도해주시길 바랍니다. 1학년임에도 학교에서 졸려 하거나 기운 없어 하는 아이가 많습니다. 대부분 수면 시간이 불규칙하기 때문입니다. 충분한 수면을 취하고 아침 식사를 하고 학교에 등교하는 것이 학교생활을 건강하게 하는 첫걸음입니다.

Q 아이가 학교에서 볼일을 보지 못해서 너무 힘들어합니다. 하루 종일 참다가 집에 와서 일을 보는 아이를 보면 화도 나고 안쓰럽기도 합니다. 좋은 방법이 없을까요?

실제로 학교에서 볼일을 보지 못하는 아이들이 종종 있습니다. 대부분 유치원이나 집과는 다른 환경 때문인데요, 지저분하게 느끼거나 변기가 사용하던 것과 달라서 볼일을 잘 보지 못합니다. 일반적으로 예민한 어린이들이 이런 경우가 더 많습니다.

실제로 저학년이 사용하는 화장실을 가보면 생각보다 지저분한 느낌을 받기도 합니다. 가정에서는 가볍게 손잡이를 누르면 되지만 학교 화장실 변기는 힘이 약한 저학년 아이들은 사용하기 불편한 경우도 있기 때문입니다. 일을 마친 후 뒤처리가 깨끗하게 되지 않으니 다음에 들어온 어린이는 사용을 포기하는 일도 생깁니다. 실제로 이런 일을 선생님께 말씀드리기 부끄러워하는 아이들은 그냥 참고 집까지 가는 일이 있습니다.

저는 아이들과 함께 화장실을 답사합니다. 그래서 사용법도 알려주고 손잡이도 한번씩 눌러보게 합니다. 그리고 발로 밟아야 하는 것들도 알려줍니다. 아이들은 힘이 약해서 발로 밟아서 작동하는 변기를 손으로 누르다 포기하곤 하기 때문입니다. 이렇게 해서 해결이 된다면 다행이지만 그렇지 않다면 일단은 학교에 등교하기 전에 가정에서 용변을 보는 습관을 길러주는 것이 좋습니다.

keyword 3

교내 생활

08 아이가 수업 시간에 집중하지 못한다는데 어쩌면 좋을까요?

　학교에서는 일 년에 몇 번씩 학부모들을 대상으로 공개 수업을 실시합니다. 공개 수업을 마치고 나면 다급하게 상담을 신청하는 부모들이 있습니다. 교실에 와서 아이가 수업하는 모습을 직접 보고는 산만한 모습에 너무 놀라 상담을 요청하는 것이지요.

　아이들의 수업 시간 집중도는 학업 성취도와 밀접한 관계가 있습니다. 수업 시간에 집중하지 못하는 아이들을 살펴보면 계속 손으로 지우개 같은 학용품을 만지작거리는 아이도 있고 몰래 다른 책을 들여다보는 아이도 있습니다. 책 한쪽 구석에 낙서를 하거나 짝꿍과 속닥속닥 이야기를 하기도 합니다. 드물게는 다른 친구들의 수업을 방해하지도 않고 별다른 행동을 하지도 않지만 멍하니 공상에 빠져 있는 아이도 있습니다. 이런 아이들은 대부분 갑자기 질문을 하면 전혀 답을 하지 못하거나 지금 배우는 내용이 무엇인지 모릅니다.

1 | 수업 시간에 집중하지 못하는 이유를 찾아보자

수업 시간에 집중하지 못하는 이유는 여러 가지지만 그중 대표적인 이유를 들어보면 다음과 같습니다.

- **ADHD(주의력결핍/과잉행동장애**Attention Deficit/Hyperactivity Disorder**)**

ADHD가 있는 아이들은 산만하고 한 가지 일에 집중하는 것을 힘들어하며 충동적인 행동을 보이거나 참는 것을 어려워합니다. 실제로 수업 중에 마구 돌아다니거나 교사의 지시로 자리에 앉은 후에도 5분을 넘기지 못합니다.

ADHD가 있는 경우 선생님의 관심과 노력만으로 아이의 태도를 변화시키는 데는 한계가 있습니다. 과잉행동은 학년이 올라가면서 개선되는 경우가 많지만 주의력결핍은 쉽게 개선되지 않을뿐더러 교사의 지적을 자주 받다 보니 수업에 흥미가 더욱 떨어집니다. 또한 성적이 나쁘다 보니 친구들 사이에서도 은근히 무시당하는 일이 생기기도 합니다. 그렇다 보니 교우 관계도 자연스럽게 나빠져 학교생활에 흥미를 잃고 이러한 악순환으로 인해 문제 학생이 되는 경우도 많습니다.

부모의 지도나 선생님의 노력으로도 쉽게 나아지지 않는다면 ADHD를 의심해볼 필요가 있고, ADHD로 진단받은 경우에는 전문적인 상담이 필요합니다. 최근에는 학교에도 간단한 상담이 가능한 상담교사가 많이 배치되어 있으므로 상담을 요청하면 도움을 받을 수 있습니다.

● 기초 학습 부진

수업을 전혀 따라가지 못해서 수업에 흥미를 잃다 보니 다른 곳으로 관심을 돌리는 아이도 있습니다. 분수의 통분을 전혀 하지 못하는데 수업 시간 내내 분수의 덧셈이나 곱셈을 배운다든지 아직 한글을 해독하지 못하는데 책을 읽으며 수업을 받는 경우 수업에 집중하지 못하는 것은 어찌 보면 당연한 일입니다.

실제로 칠판에 적힌 알림장을 쓰는 동안 알림장은 쓰지 않고 옆의 짝꿍을 괴롭히며 장난을 하던 아이가 있었습니다. 그래서 선생님께 꾸중을 듣기 일쑤였고, 하교 시간이 다가오면 급한 마음에 선생님이 알림장을 적어주거나 짝꿍이 대신 적어주기도 했습니다. 학습지를 풀 때도 아이는 계속 장난만 치다가 다섯 문제 중 첫 문제만 겨우 깨작거리는 글씨로 적어서 내곤 했습니다.

학기 초 이런 모습을 보인 아이를 이해하게 된 것은 바로 받아쓰기를 하고 나서입니다. 그 아이는 아직 한글을 보고 적거나 자신의 생각을 적는 것이 거의 불가능한 상태였습니다. 그렇다 보니 책이나 학습지에 쓰인 글씨들이 아이에게는 모두 해독 불가능한 문자였던 것입니다. 수업에 참여할 준비가 되어 있지 않으니 수업 시간에 겉돌게 된 것은 당연한 일이었던 것이죠.

2 | 아이의 집중력을 점검해보자

● 아이가 집중할 수 있는 시간은 얼마나 되나?

초등학교는 1시간 수업이 40분, 중학교는 45분, 고등학교는 50분입니다. 이 시간은 아이들의 발달 단계에 맞추어 정해놓은 것입니다. 초등학교의 수업 시간은 1학년(8살)부터 6학년(13살)에 해당하는 학생들에게 적용되는 시간이므로 저학년, 특히 학교생활을 처음 시작하는 1학년은 10~15분 정도만 집중해도 크게 염려할 필요는 없습니다.

● 아이가 관심을 보이며 집중하는 일은 무엇인가?

아이가 공부에 집중하지 못해 안타까운 마음이 들지만 책을 읽거나 그림을 그릴 때처럼 집중하여 몰두하는 일이 있다면, 아직 공부에 흥미를 느끼지 못해서 집중하지 못하는 것이지 집중력에 문제가 있는 것은 아니라고 생각해도 됩니다. 수업에 흥미를 느낄 수 있는 적절한 예습 활동을 하도록 도와주고 단순히 지식을 전달하는 식으로 학습하는 것보다는 학습 주제와 관련된 도서 등을 제공하여 자연스럽게 배울 수 있도록 도움을 줄 필요가 있습니다.

● 학습 환경이 집중하는 데 도움이 되는가?

아이에게는 공부를 하라고 하면서 부모는 라디오나 TV를 틀어놓고 있다거나 거실에 장난감이나 인형을 눈에 띄게 보이도록 하고선 책은 읽지 않고 장남감만 가지고 논다고 야단을 치지는 않는지 생각해보아야 합니다.

교실에서 수업을 할 때도 선생님들은 수업에 꼭 필요한 필기구나 책과 공책 외에는 책상에 올려두지 못하게 합니다. 다른 물건이 있으면 수업에 집중하지 못하고 그 물건을 쳐다보는 일이 허다하기 때문입니다.

가정에서도 주변 환경을 잘 정리 정돈하고 아이가 공부를 할 때는 엄마도 책을 보면서 차분히 집중하는 모습을 보여주세요. 아이가 숙제를 하는 동안 엄마가 큰 소리로 전화를 하거나 드라마를 보면서 큰 소리를 낸다면 아이의 집중력은 더욱 떨어집니다.

3 | 선생님 눈을 바라보도록 지도하자

어떻게 해야 아이가 수업 시간에 집중하게 할지 잘 모르겠다면 일단 수업 시간에 선생님의 눈을 바라보라고 가르치세요. 실제로 교사로서 수업을 진행하다 보면 학생들 얼굴을 살펴보면서 수업을 하게 되는데 성적이 좋거나 집중해서 이야기를 듣는 학생들과는 눈이 수시로 마주칩니다. 그러다 보면 선생님도 눈이 마주친 학생에게 이야기하듯 설명하게 되고 또 그렇게 선생님과 눈을 맞추며 설명을 들은 아이들은 내용을 이해하기도 한결 수월합니다. 수업 시간에 집중하지 못하는 학생들을 보면 대부분 선생님을 보지 않고 시선이 다른 곳으로 향해 있습니다.

수업 시간에 선생님의 눈을 바라보며 설명을 듣는 것이 수업 태도를 바르게 하는 첫걸음임을 잊지 마세요.

09 편식하는 아이라 학교급식에 적응하지 못할까 봐 걱정이에요

"선생님, 우리 밥 언제 먹어요?"

1학년 담임을 하다 보면 하루에도 몇 번은 듣는 질문입니다. 대부분 아이들이 학교에서 가장 행복해하고 즐거워하는 시간이 급식 시간입니다. 하지만 급식 시간이 기다려지기는커녕 괴롭고 고통스럽게 느껴지는 아이들도 있습니다. 바로 급식과 전쟁을 치르는 아이들입니다.

언제나 맨 마지막에야 식판을 제출하는 지영이는 "학교에 급식 시간이 없으면 좋겠다"고 이야기합니다. 선생님도 지영이가 밥을 먹는 것을 챙겨주느라 점심시간마다 전쟁을 치릅니다. 다른 아이들은 급식을 먹고 나가서 놀다가 들어오지만 지영이는 점심시간이 다 끝나갈 때쯤에야 식사를 끝내거나 수업종이 칠 때까지 식사를 마치지 못하는 경우도 있습니다. 선생님도 선생님이지만 지영이도 얼마나 답답하고 힘들까 생각하면 급식 때문에 왜 이렇게 서로 힘들어야 하는지 여러 가지 생각이 교차하기도 합니다.

1 | 급식 지도, 가정에서 먼저 시작하자

점심시간은 아이들이 가장 좋아하는 시간입니다. 주5일제 수업이 실시되면서 1학년도 일주일에 한두 번은 5교시 수업을 받기 때문에 급식을 마친 후에도 수업을 합니다. 늘 부족하기만 한 쉬는 시간에 비해서 점심시간은 친구들과 30분 가까이 실컷 뛰어놀 수 있는 귀중한 시간입니다. 특히 요즘처럼 개인 일정이 바빠서 친구들과 어울릴 시간이 부족한 아이들에게는 황금 같은 시간입니다. 그렇지만 이렇게 좋은 점심시간도 급식을 모두 먹은 어린이만 누릴 수 있습니다.

이렇게 소중한 시간을 제대로 누리게 하려면 가정에서부터 급식 지도에 신경을 쓸 필요가 있습니다. 아이의 식습관을 선생님께서 고쳐주기만 바라서는 안 됩니다. 가정에서 아이의 식사 습관을 고치기 위해 다음과 같은 노력을 해보세요.

● 자극적인 음식에 길들여지지 않도록 하자

음식의 종류는 셀 수 없이 다양하지만 가정에서 먹는 국, 찌개, 반찬은 대체로 정해져 있습니다. 이러한 음식을 만들 때 대부분 어른의 입맛에 맞게 조리하다 보니 너무 맵거나 자극적으로 만들기 쉽습니다. 그러면 아이들도 자연스레 자극적인 음식에 길들여져 싱겁거나 담백한 음식은 맛이 없다고 느끼게 됩니다.

아이들이 먹을 음식을 따로 조리하는 것이 가장 좋겠지만 매번 그렇게 하기는 너무 번거로워서 실천하기가 힘들므로, 음식에 양념을 넣기 전에 아이가 먹을 만큼을 미리 조금 떠놓거나 간을 조금 약하게 하여 아이에게 주도록 합시다.

● 가정의 평소 식단을 점검해보자

매일 고기반찬이 빠지지 않거나 통조림 요리, 햄 같은 가공식품을 이용한 반찬이 많지는 않은지 살펴보세요. 이러한 가공식품으로 조리한 음식에는 미량의 조미료 성분이 들어가 있어 입맛을 돋웁니다. 이런 음식에 길들여지면 조미료를 사용하지 않는 학교급식이 맛없게 느껴지고 급식을 잘 먹지 않기도 합니다. 그러니 가정의 평소 식단도 한번 꼭 점검해볼 필요가 있습니다.

● 조리 과정에 아이를 참여시키자

마트에서 장을 보거나 음식 재료를 손질할 때 아이와 함께 해보세요. 엄마를 따라 장을 보거나 재료를 손질하는 일은 아이에게 상당히 훌륭한 교육이 될 수 있습니다. 장을 보면서 재료의 이름을 알게 되고 양파를 까거나 오이를 자르면서 촉감을 발달시키고 손과 눈의 협응 능력도 기를 수 있습니다.

뿐만 아니라 재료를 다듬고 조리하는 과정에 직접 참여하게 한 후 아이가 먹기 좋은 크기(싫어하는 것은 더 작은 크기로)로 재료를 손질하여 음식을 만들면 무조건 거부하던 음식도 호기심을 가지고 맛을 보게 됩니다.

2 | 학교급식 지도의 원칙을 가정에서도 지키자

아이들이 음식을 먹다가 남기는 것은 어쩌면 자연스러운 일이라고 할 수도 있습니다. 그렇지만 식습관이 바르게 잡힌 아이들은 적당히 먹을 양만큼을 받아서 음식을 남기지 않고 먹습니다. 1학년은 학교급식을 처음 시작하는 학년이다 보니 식사를 받는 배식에서부터 음식 먹기 그리고 치우고 뒷정리하는 것까지 선생님의 손이 갑니다. 그러므로 학교에서 지키는 규칙을 가정에서도 지키도록 지도할 필요가 있습니다.

학교급식 지도에서 가장 중요한 원칙은 첫째, 음식 남기지 않기 둘째, 골고루 먹기입니다. 가정에서도 평소 식사를 할 때 이 두 가지를 반드시 실천하도록 하세요.

● **학교생활에 도움이 되는 가정에서의 식사 예절**

① 식사 전에 손을 씻는다.

건강과 위생을 위해서 식사 전에 손을 씻는 습관을 들이세요.

② 상을 닦거나 수저 놓기 같은 일은 아이가 스스로 하도록 지도한다.

학교에 따라 학생들이 급식 도우미를 맡아서 하는 곳도 있습니다. 가정에서도 식사를 할 때 자신의 역할이 있음을 평소에 교육하도록 하세요.

③ 자신이 흘린 음식은 자신이 치우도록 한다.

1학년 아이들은 학교 급식실이나 교실에서 급식을 먹다가 책상이나 바닥에 음식물을 흘리는 일이 잦습니다. 이런 상황이 발생했을 때 스스로 처리하는 것은 기본 중의 기본입니다.

④ 큰 소리로 이야기하며 먹지 않는다.

친구들과 즐겁게 급식을 먹는 것은 좋지만 음식이 입 밖으로 튀어나올 정도로 큰 소리로 떠들며 먹지 않도록 지도하세요.

⑤ 식사 후 자신이 먹은 식기는 스스로 처리한다.

학교에서 급식을 먹고 난 후에는 식판을 두는 곳에 차곡차곡 정리하는 것은 학생의 몫입니다. 가정에서도 그릇이나 수저를 싱크대에 가져다 두는 습관을 기르도록 도와주세요.

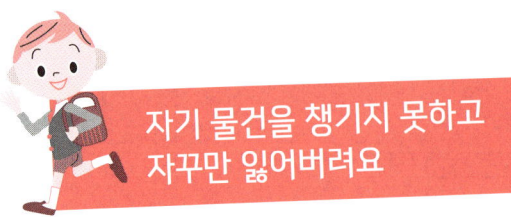

10 자기 물건을 챙기지 못하고 자꾸만 잃어버려요

얼마 전부터 우리 반 연선이 가방에는 길이 10센티에 폭이 5센티 정도 되는 네모난 종이가 걸려 있었습니다. 가방 지퍼에 매달린 그 종이에는 플루트, 실내화, 교과서와 같은 단어가 적혀 있었습니다. 연선이에게 물으니 집에 챙겨 가야 할 물건이라고 했습니다. 집에서 플루트 개인 교습을 받는데 방과 후 학교에서 플루트를 배우는 날 학교에 악기를 두고 와서 교습을 받지 못했다고 합니다. 그뿐만 아니라 물건을 챙겨 오는 것을 잊고 그냥 집으로 돌아오는 날이 많다 보니 엄마가 가방을 받을 때 잊지 말라고 챙겨야 할 물건을 적어서 매달아둔 것이었습니다. 이렇게까지 하기 전에는 알림장에 포스트잇으로 적어주거나 필통에 메모를 넣기도 했는데 그래도 잊는 날이 많아 가방에 메모를 적어 달아둔 것이었습니다.

새로 사 준 지우개가 하루 만에 어디로 갔는지 사라져 버리거나 무엇을 좀 가지고 오라고 하면 늘 깜빡깜빡 잊어버리는 아이를 보며 답답해하는 부모님들을 자주 보게 됩니다. 선생님들 역시 마찬가지 경험을 하는데 늘 준비물을 챙겨 오지 않거나 교과서를 잃어버렸다는 아이들이 있습니다. 책이 없는 경우 교사용 교과서를 빌려주거나 복사해서 수업을 하곤 했는데 경력이 조금 된 후부터는 아이의 책상이나 사물함을 꼭 살펴봅니다. 신기하게도 없어졌다던 색연필이며 교과서가 모두 사물함이나 가방 혹은 책상 서랍 안에 들어 있을 때가 많습니다.

경험적으로 이야기하자면 정리 정돈을 잘 못하는 어린이들은 이렇게 자기 물건을 잘 챙기지 못하는 경우가 많습니다. 대개 학년이 올라가면서 조금씩 나아지지만 학년이 올라가도 여전한 아이들도 있습니다. 학부모 상담을 하다 보면 늘 자기 물건도 잘 챙기지 못하고 물건 챙기는 일은 아이의 일인데도 정작 아이는 관심이 없어서 정신을 곤두세우고 있는 엄마들이 많습니다. 초등학교 1학년 때부터 습관을 들이지 못하면 엄마의 6년 일거리가 되어버릴 수 있는 물건 챙기기를 어떻게 하면 잘할 수 있을지 살펴봅시다.

1 | 물건 챙기기를 방해하는 요인

● 풍요로움에서 비롯된 무관심

요즘에는 학교에서 학생들이 주로 사용하는 가위나 풀, 색연필 같은 기초 학용품을 무상으로 제공합니다. 그래서 이제는 아이들이 가위나 풀, 색종이 같은 준비물을 가져오지 않아 수업이 정상적으로 진행되지 않는 일은 없습니다.

그러나 한 가지 새로운 문제가 생겼으니, 요즘 아이들은 학용품을 아껴 쓰지 않고 잘 챙기지도 않습니다. 색종이는 필요한 부분만 잘라서 사용하고 나머지는 바닥이나 휴지통에 버리곤 합니다. 선생님들은 바구니를 만들어 사용하고 남은 색종이를 모아두지만 아이들은 늘 새것을 꺼내 쓰려고 하고 빌려준 가위는 선생님이 일일이 확인하지 않으면 1, 2개씩 바닥에 뒹굴거나 쓰레기통으로 들어가버리기 일쑤입니다. 1학기 분으로 준비해둔 풀 같은 학용품은 1학기가 끝나기 전에 풀 뚜껑이 없어진 상태로 말라 비틀어져 사용하지 못하게 되는 것이 많습니다.

교실 내 학용품 바구니에 학급 활동용으로 담아둔 수십 개의 풀이나 가위 같은 학용품들은 따로 챙기지 않아도 언제든 사용할 수 있는 물건이라서 아이들이 소중히 여기지 않습니다. 이렇게 사용하는 공용 물품은 내 것이 아니라 우리 것이기에 잘 관리해야 한다는 것을 교육하는 것이 중요합니다.

● 누군가 해주기 때문에 생기는 무관심

"연준아 가정통신문 가지고 왔니?"라는 선생님 물음에 연준이는 "모르겠어요"라고 대답을 하고 맙니다. 그러곤 "가방을 확인해보라"는 말에 연준이는 가방을 열고 살펴보았으나 도무지 찾을 수 있을 듯한 표정이 아니었습니다. 선생님께서는 "엄마가 오늘 보내주신다고 하셨는데 가방을 한번 가져와보라" 하시곤 살펴본 후에 가방 안 파일 꽂이에서 통신문을 발견합니다.

연준이는 가방을 스스로 챙겨본 적이 없습니다. 시간표와 알림장을 살펴보고 챙기는 일은 늘 엄마의 몫이었습니다. 그렇다 보니 학교에서도 이런 습관이 그대로 드러났습니다. 가정통신문을 가방에 넣거나 책상 서랍을 정리하는 일조차 제대로 하지 못했습니다. 답답한 마음에 짝꿍이 가방에 통신문을 넣어주기도 하고 알림장을 대신 써주기도 했습니다.

그러던 연준이가 연선이와 짝꿍이 되면서 문제가 드러나기 시작했습니다. 연선이는 연준이에게 "너 왜 알림장 안 쓰니?" "너 왜 네 책 안 꺼내?" "네가 버린 휴지인데 왜 안 주워?" 이렇게 잔소리를 하기도 하고 스스로 해야 한다며 도와주지 않자 연준이는 선생님에게 지적을 받는 일이 늘어났습니다. 바닥에 떨어져 굴러다니는 학습지는 대부분 연준이 것이었고, 이런 지적이 반복되자 개구쟁이 호빈이는 "애기냐? 저런 것도 못 챙기고……"라고 한마디를 해서 이 일로 다툼까지 이어졌습니다.

연준이 어머님과 상담을 하면서 연준이가 어려서부터 과보호를 받아왔다는 사실을 알게 되었습니다. 어느 순간 문제를 인식하고 아이를 고쳐보려 했지만 연준이는 엄마가 도와주지 않으면 전날 메고 간 가방을 들여다보지도 않고 들고 가곤 했습니다. 연준이 엄마는 학교에서 문제가 될까 봐 일일이 다 챙겨주었고, 그렇게 악순환이 계속되고 있었습니다.

학급에서도 이런 학생이 한둘만 되어도 선생님은 상당히 피곤해집니다. 일일이 확인하지 않으면 필기도 하지 않고 분명히 전달한 통신문도 받지 못했다는 전화를 받기 일쑤입니다. 아차 하다가는 선생님이 아이의 개인 비서처럼 되고 맙니다. 학교에 입학하기 전에는 도움을 받던 일들이 10가지였다면 학교에 입학한 후에는 점점 줄어들어야 합니다.

2 | 물건 챙기는 습관을 들이는 요령

그러면 어떻게 해야 이런 고민에서 벗어날 수 있을까요? 아이의 행동을 변화시키기 위해서는 상당한 기다림과 끈기가 필요합니다. 그렇지만 어른 입장에서는 1분이면 할 수 있는 간단한 일을 아이가 하지 않는다는 생각이 들기 때문에 끈기를 가지고 지도하기가 쉬운 일은 아닙니다. 여기서는 아이가 물건을 잘 챙기도록 도와주는 방법을 알아봅시다.

● 정리 정돈에서 시작하자

　물건 챙기기와 정리 정돈이 무슨 상관이 있느냐고 생각할 수도 있지만, 물건 챙기기 지도를 정리 정돈의 기본인 사용한 물건을 제자리에 두는 것부터 시작하기를 권합니다. 물건을 사용한 후에는 반드시 원래 있던 곳으로 가져다 두도록 지도하세요.

　늘 방을 어지르는 아이에게는 대부분 열심히 치워주는 누군가가 존재합니다. 그렇기에 자신의 물건을 정리하거나 챙기는 일을 자신의 일이라고 생각하지 않는 거지요. 준비물을 챙겨 오지 않는 아이들에게 "왜 또 안 가져왔어?"라고 물으면 대다수 아이들이 "엄마가 안 챙겨주었어요"라고 대답합니다. 그러므로 먼저 자신의 물건을 챙기고 정리하는 일이 내가 스스로 해야 할 일이라는 것을 인식시켜 주어야 합니다.

● 대신 해주는 것은 아이의 기회를 빼앗는 일임을 명심하자

　아이가 가방을 챙기지 못한다 해서 대신 가방을 싸주는 것은 아이가 스스로 가방을 챙기는 기회를 빼앗는 일입니다. 그렇다고 처음부터 그냥 무조건 "가방을 챙겨라"라고 이야기해서는 안 됩니다. 어떻게 챙겨야 하는지 함께 하며 알려주어야 합니다.

　아이가 학교에서 돌아오면 먼저 "알림장에 무엇을 적었니?" 하고 물어보고 알림장을 펴게 한 후에 필요한 준비물이나 과제를 함께 알아보세요. 이때 별다른 설명 없이 아이가 스스로 알아서 할 수 있는 일들은 직접 지시하고 도움이나 안내가 필요한 부분은 곁에서 함께 도와주세요. 그러나 과제를 수행할 주체가 아이임은 잊지 마세요.

부모는 아이가 못하는 일을 대신 해주는 것이 아니라 하기 힘든 일을 도와주고 안내하는 역할을 해야 하는 것입니다. 어질러진 공부방을 보면서 "가서 밥 먹어. 엄마가 치울게"라고 말할 것이 아니라 "바닥은 엄마가 치울 테니 너는 책을 꽂아두어라"라고 말하고 함께 하면서 치우는 방법을 알려주어야 합니다.

● 준비물을 챙기지 못해 불편함을 느끼는 것도 교육이다

요즘은 대부분 급식실에서 수저를 제공하지만 예전에는 아이가 수저통을 가지고 가지 않으면 '아이가 점심은 어떻게 먹나' 걱정스런 마음에 수저통을 들고 학교에 가져다주는 엄마들이 종종 있었습니다. 이런 경우에 아이들은 엄마에게 고마움을 느끼기보다는 별일 아닌 듯 넘겨버리기 일쑤입니다. 또 이렇게 무언가 준비물을 잊거나 했을 경우 '엄마가 또 챙겨주겠지' 하는 막연한 기대를 하게 됩니다.

때로는 준비물을 챙기지 못해 선생님께 지적을 받거나 불편을 겪는 것도 무엇보다 좋은 가르침입니다. 오히려 자신의 실수로 인한 불편을 제대로 겪는 것이 아이를 더욱 성장하게 만듭니다. 아이를 위한 5분 대기조 출동은 오히려 문제 해결을 더욱 어렵게 만들 수도 있음을 인식해야 합니다.

● **체크리스트를 활용하자**

가정에서 준비물을 챙길 때는 시간을 넉넉히 두고 스스로 준비하도록 지도해주세요. 이때 가장 좋은 방법은 체크리스트를 활용하는 것입니다. 예를 들어 국어 책, 필통, 공책, 가위, 자 이렇게 챙겨야 할 물건 목록을 포스트잇에 적어 스스로 확인하도록 하면 도움이 됩니다. 어른보다 시간이 오래 걸릴 수 있으니 부모가 여유를 가지고 기다려주는 것이 포인트입니다. 아이가 이런 활동에 익숙해지면 준비하는 시간도 점점 줄어듭니다.

● **자기 물건에 이름 쓰기는 1학년의 기본**

대부분 학교에는 분실물 보관함이 있는데 이곳까지 온 물건들은 대부분 이름이나 표시가 없습니다. 제법 좋아 보이는 옷가지나 학용품도 주인이 찾아가지 않는 경우가 많습니다. 학급에서도 잃어버린 연필, 지우개, 색연필들이 교실 바닥에서 발견되고 바구니에 담기지만 주인을 찾지 못할 때가 상당히 많습니다.

특히 물건을 잘 잃어버리는 아이라면 이름 쓰기는 기본 중의 기본입니다. 잃어버리는 것은 어쩌지 못하더라도 물건을 찾을 수는 있어야 합니다. 연필과 색연필에는 자루마다 이름을 쓰고 카디건이나 점퍼 같은 벗어두기 쉬운 옷에도 안쪽 라벨에 이름을 써두도록 지도해주세요.

　사실 1, 2학년 시기는 스스로 알아서 해야 하는 시기라기보다는 스스로 알아서 하기 위한 준비 기간이라고 할 수 있습니다. 이때는 조금 서툴고 실수를 하더라도 하나하나 해내는 아이를 칭찬하고 격려해야 합니다. 학교에서도 아이들의 학교생활과 관련된 부분을 하나하나 알려주고 아이들 역시 차근차근 배워갑니다. 따라서 가정에서도 함께 지도하는 것이 상당히 중요합니다.

　학년이 올라가 4학년 이상이 되어서도 수시로 물건을 잃어버리거나 스스로 준비물을 챙기지 못한다면 고치기가 쉽지 않으므로 더 큰 노력과 희생을 치러야 할 수도 있습니다. 1학년은 이러한 교육을 하기에 가장 좋은 시기입니다. 유치원에서 학교로 환경이 변하면서 새로운 마음으로 시작할 수 있기 때문입니다.

Q&A 선생님, 알려주세요

Q 아이가 조금 예민하고 신경질적인 모습을 보여 학교에서 친구들이나 선생님께 문제아로 찍히지는 않을까 걱정입니다. 아이가 자주 짜증을 내다 보니 집에서도 매번 아이와 다투게 됩니다. 아이들이 대부분 겪는 일인가요?

엄마 말을 잘 따르기만 하던 아이가 반항을 하거나 짜증을 내면 부모님들은 화가 납니다. 그러다 보니 마음을 풀어주기보다는 아이의 잘못을 지적하게 되는 경우가 많지요. 아이가 학교에서 지적도 자주 받고 친구들과도 원만하게 지내지 못하면 아무래도 문제아처럼 인식되기 쉽습니다.

하지만 집에서와는 다르게 학교에서는 씩씩하게 생활을 잘해내는 어린이들도 많습니다. 미리 걱정만 하지 마시고 입학 후에 상담을 통해서 아이가 학교에서 어떻게 생활하는지 직접 여쭈어보면서 선생님께 조언을 구해보시길 바랍니다.

 아이가 학교에서도 공격적인 성향을 보이거나 분노를 자주 표출한다면 먼저 그 원인이 어디에 있는지 찾아봐야 합니다. 우선 부모의 양육 태도나 아이의 생활환경을 점검해볼 필요가 있습니다. 어린

상담실 활용하기

최근 학교에는 상담실이 생겨 전문 상담사 선생님이 상주하고 계십니다. 학생의 여러 가지 문제나 고민뿐만 아니라 학부모가 자녀를 교육하면서 겪는 고민들도 상담 받을 수 있습니다.

 학교에 상담실이 없다면 지역교육청별로 지정된 상담센터가 있으니 찾아가보세요. 작고 사소한 문제일지라도 혼자서 고민만 하기보다는 전문가의 도움을 받는 것이 좋습니다. 상담을 받는다고 해서 아이의 학교생활에 좋지 않은 영향을 미친다거나 많은 비용이 들지도 않습니다. 언제든 걱정하지 마시고 학교 상담실의 문을 두드려보세요.

아이가 공격성이나 화를 자주 드러낸다면 대개 생활환경이나 양육 방식에 문제가 있는 경우가 많기 때문입니다.

제 경험으로 보았을 때 스트레스를 많이 받는 아이는 학교에서도 친구들과 다투는 일이 잦았습니다. 신경질적인 부모, 꼼꼼한 완벽주의 성향의 부모, 지나치게 학습을 강요하는 부모 아래서 겪는 스트레스가 주원인인 경우가 많았습니다.

어른들도 지치고 힘들면 짜증과 화가 나는 것처럼 아이들도 마찬가지입니다. 위와 같은 문제로 고민하고 계시다면 학교 내에서 발생하는 문제는 담임선생님과 상의하여 해결 방법을 찾도록 노력함과 동시에 가정에서도 많은 노력을 기울일 필요가 있습니다.

Q 친구들과 즐겁게 학교생활을 잘하기 위해서 꼭 필요한 것이나 도움이 될 만한 것이 없을까요?

아무래도 저학년 때는 예체능을 잘하는 친구들이 인기가 좋습니다. 음악, 미술, 체육 시간이 다른 학년에 비해서 많이 배정되어 있고, 1학년 때는 노래도 많이 하고 율동도 많이 하고 체육 활동도 많이 하므로 예체능에 소질이 있는 어린이들은 학교생활을 더욱 즐겁게 할 수 있습니다.

반면에 예체능이 조금 부족한 아이들은 자신감을 잃는 경우가 많습니다. 친구들에 비해 부족한 그림 실력에 부끄러워하기도 하고 체육 시간에 하는 활동에도 자신 있게 참여하지 못하기도 합니다.

그러므로 어떤 것이든 잘하는 것 한 가지는 꼭 만들어주는 것이 좋습니다. 줄넘기를 잘한다면 좀 더 노력하여 다른 친구들보다 우수한 실력을 갖추는 것처럼 말입니다. 그러면 친구들 사이에서 "다은이는 줄넘기 대장이야" "그림은 다은이가 잘 그려"처럼 자연스럽게 인정받게 됩니다. 예체능뿐만 아니라 악기 연주나 수학도 좋고 영어도 좋습니다. 아이가 좋아하고 잘하는 것을 좀 더 실력을 키워 아이의 특기를 만들어주면 그것이 아이가 성장하는 데 큰 도움이 됩니다.

Q 학교급식을 잘 먹도록 미리 가르치면 좋은 것들이 있을까요?

학교에서 급식이라 하면 '우유+중식'을 의미합니다. 물론 급식비에도 우윳값이 포함되어 있습니다. 대체로 우유는 2교시 수업을 마치고 마십니다. 우유는 학교에 있는 냉장고에 보관하는데 1교시에는 우유가 차가워 배가 아플 수 있고 3교시 후에 우유를 마시면 점심밥을 먹기 힘들어지므로 보통 2교시를 마치고 마십니다.

이때 아이들에게 꼭 필요한 능력이 있는데 그것은 바로 '혼자 우유팩 열기'입니다. 평소 집에서 우유를 딸 때 아이와 함께 흘리지 않도록 하는 연습을 해보면 좋습니다.

그리고 점심 먹을 때 달라지는 것이 하나 있는데 그것은 바로 어른들이 먹는 수저를 사용한다는 것입니다. 집에서 유아용 젓가락이나 수저를 사용했다면 학교에서 급식을 먹을 때 성인용 수저나 젓가락을 사용하는 것이 힘들 수 있습니다. 그러므로 초등학교 입학 전에 성인용 수저와 젓가락을 이용해서 식사하는 연습을 해보는 것이 좋습니다.

Q 무상급식이라서 급식이 맛이 없다고 하는데 걱정이에요.

저도 학교에 있다 보니 무상급식이 되면서 급식량이 줄었다거나 맛이 없어졌다는 이야기를 자주 듣는데요. 무상급식이 되면서 오히려 급식의 질이 좋아진 경우가 더 많습니다. 실제로 예전에는 급식비를 못 낸 학생들이 많으면 학기 말이 되어서는 급식비가 모자라 반찬 양이 줄어들거나 미납된 급식비가 걷히지 않아 학교에서 곤란을 겪는 일이 많았지만 이제는 매번 정량의 급식을 하게 된 것이지요.

그리고 무상급식이 된 이후에도 선생님들은 모두 매월 급식비를 내고 식사를 합니다. 그러다 보니 선생님들끼리도 급식의 질에 대해 이야기를 많이 나눕니다. 무상급식이 되면서 친환경 식재료를 사용하다 보니 조미료에 길들여진 입맛 탓에 처음에는 조금 맛이 없게 느껴지기도 하지만 이제는 적응이 되어 잘 먹는 학생들이 많습니다.

학교급식은 맛보다는 영양의 균형이 중요하다는 점을 감안하면 육류나 튀김 같은 입맛을 당기는 메뉴보다는 신선한 재료와 제철 야채로 만든 음식이 더욱 좋은 것이 아닌가 생각합니다.

Q 아이가 밥을 너무 느릿느릿 먹습니다. 과연 학교에서 제대로 급식을 먹을 수 있을지 걱정이 되는데요. 학교급식은 몇 분 안에 먹어야 하나요?

아이의 식습관에 문제가 있다면 선생님과 상담을 통해 협조를 구하는 것이 좋습니다. 의외로 집에서는 잘 먹지 않는 아이가 학교급식은 아무런 문제없이 잘 먹는 경우도 있지만 집에서 하던 습관 그대로 느릿느릿 먹는 아이도 있습니다.

학교의 점심시간은 대부분 50분 정도입니다. 손을 씻고 배식하는 시간 등을 고려하면 실제 급식 시간은 40분 정도인데요, 대부분 아이들이 15분 전후로 식사를 마칩니다. 급식 지도를 까다롭게 하셔서 남김없이 먹게 하는 선생님께서는 5교시가 될 때까지도 끈기 있게 급식을 먹게 합니다.

아이의 식습관을 고치고 싶다면 선생님께 말씀드려서 무리가 있더라도 끝까지 먹게 해달라고 부탁드리는 것이 좋습니다. 하지만 가정에서 고치기 힘든 습관을 학교에서 쉽게 고칠 수 있는 것은 아닙니다. 평소에 집에서도 정해진 시간 안에 식사를 마치도록 하는 것이 좋습니다.

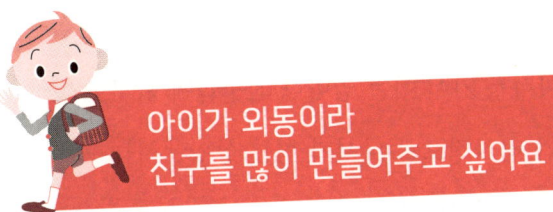

아이가 외동이라 친구를 많이 만들어주고 싶어요

　학교 폭력이나 왕따 이야기를 들으면 걱정이 되면서도 '내 아이는 아니겠지' 하는 생각을 하곤 합니다. 하지만 놀이터에서 친구들과 어울려 놀지 못하는 모습을 보거나 친구들과 다투었다는 이야기를 들으면 '혹시 우리 아이에게 문제가 있는 건 아닐까' 하는 고민에 빠지게 됩니다.

　요즘 젊은 엄마들은 자녀의 교우 문제에도 적극적으로 개입하여 친구를 만들어주기도 하고 모임을 만들어 교우 관계를 형성해주기도 합니다. 하지만 내성적이고 나서기 힘든 엄마는 적극적으로 자녀를 위해 나서지 못하고 홀로 걱정만 키워가기도 합니다. 다행히 함께 다니던 유치원 친구들이 같은 학교에 많이 입학하면 그나마 안심이지만 입학과 동시에 이사를 가서 아는 엄마나 친구들이 없거나 맞벌이를 하는 탓에 엄마가 적극적으로 나서기 힘든 상황에서는 여러 가지 걱정이 앞서는 것이 현실입니다.

학교에서 경험한 사례를 토대로 아이의 교우 문제를 어떻게 풀어가야 할지 살펴보도록 합시다.

사례 1

야무진 인기 소녀 정균이는 쉬는 시간이면 언제든 주변에 친구들이 북적입니다. 수업 시간에도 적극적으로 발표하고 친구들에게 학용품을 빌려주거나 선생님 심부름을 할 때도 언제나 즐거운 표정입니다. 책도 씩씩하게 잘 읽고 친구들 앞에서 노래를 부를 때도 쑥스러워하지 않고 잘 부릅니다. 선생님이 보기에도 믿음직하고 친구들이 보기에도 마치 언니처럼 듬직합니다.

밝고 명랑하고 똑똑한 정균이가 이기적이고 깍쟁이 같았다면 친구들이 다가가지 않았을 것입니다. 부모님과 상담을 할 때도 친구들을 두루두루 잘 사귀고 베푸는 마음을 많이 칭찬해주시라고 부탁드렸습니다.

사례 2

공부도 잘하고 스스로 자기 일을 알아서 하는 책임감 강한 선화는 조용한 소녀입니다. 손재주도 좋아서 그림도 잘 그리고 글씨도 예쁘게 잘 쓰지만 친구들 앞에서 책을 읽거나 발표하는 것을 부끄러워합니다. 쉬는 시간에는 혼자서 조용히 다음 수업 준비를 하거나 책을 읽습니다.

학교생활은 흠잡을 데가 하나도 없지만 조금은 외로워 보이기도 합니다. 하지만 이런 선화와 마음이 맞는 가영이가 있습니다. 가영이는 성격이 밝고 언제나 웃는 얼굴로 선생님께 인사도 잘합니다. 공부를 잘하지는 않지만 선화와 함께 있을 때는 책도 즐겁게 읽고 때로는 선화의 마음을 대신 이야기해주기도 합니다. 둘이 성격은 다르지만 좋은 단짝 친구입니다.

선화의 어머니는 아이가 너무 내성적이라 친구에게 먼저 다가가지 못해서 친한 친구가 없을 때는 혼자만 있는 것이 걱정이라 하셨습니다. 선화는 착하고 좋은 아이라서 언제든 좋은 친구를 사귈 수 있고 먼저 다가가지는 못했지만 선화와 친해지고 싶은 친구들이 여럿 있다는 것을 말씀드렸습니다.

마침 어머님은 선화 생일이 얼마 남지 않아서 친구들 몇 명을 초대하고 싶다고 하셔서 선화와 이야기를 나누어보고 마음에 드는 친구들을 초대해보시라고 했습니다. 그 후로 선화가 몇몇 친구들과 함께 웃으며 어울리는 모습을 볼 수 있었습니다.

사례 3

점심시간을 마치면 언제나 땀에 흠뻑 젖어 교실로 들어오는 기혁이는 운동을 아주 잘합니다. 달리기도 잘해서 계주 대표를 뽑을 때도 언제든 1등은 기혁이 차지입니다. 하지만 기혁이는 친구들과 자주 다툽니다. 늘 함께 어울려 노는 친구들과 대화를 하거나 의견 차이가 있을 때 자기 고집을 굽히지 않기 때문입니다.

아이들이 노는 모습을 살펴보니 운동을 잘하는 기혁이는 아이들과 잡기 놀이나 공놀이를 할 때 늘 친구들에게 지시하고 명령을 하듯 이야기합니다. 친구가 공을 잡았을 때도 자기에게 달라고 하거나 친구가 실수를 하면 크게 소리를 지르곤 합니다. 그러니 친구들도 기분이 좋을 리 없겠지요.

기혁이 어머님도 기혁이의 성향을 잘 알고 계셨습니다. 놀이터에서 아이들끼리 놀다가도 친구와 다투거나 집에 친구를 초대해서 놀 때도 친구들과 함께 어울려 놀기보다는 대장 역할을 하려다 보니 다툼이 생기는데 주의를 줘도 잘 고쳐지지 않는다고 했습니다.

담임으로서 기혁이와 1:1 상담을 통해 기혁이의 마음을 먼저 들어보고 알맞은 이야기를 들려주었습니다. 그리고 친구라는 주제로 수업을 할 때 여러 가지 예를 들면서 친구들의 마음속 이야기를 들어보고 친구들과 잘 지내려면 어떻게 행동하는 게 적절할지 이야기 나누는 과정을 통해서 서로 사과도 하고 친하게 지내기로 약속했습니다. 그 후 기혁이는 교우 관계가 많이 개선되었습니다.

몇 가지 사례를 살펴보았습니다. 친구들과 아무런 문제없이 관계를 잘 형성하는 아이들도 있지만 그렇지 못한 아이들도 많습니다. 이럴 때는 부모나 교사의 적절한 도움이 관계를 개선하는 데 도움이 되기도 합니다. 하지만 지나친 개입은 오히려 관계를 악화시키기도 합니다. 아무리 어린아이들이라 할지라도 사람과 사람이 맺는 관계다 보니 어른이 일방적으로 친구를 엮어주거나 강요할 수는 없다는 점을 인정해야 합니다. 아이들이 어리다는 이유로 결코 가볍게 생각해서는 안 됩니다.

아이의 교우 관계에 관심을 기울이자

지금 어른들이 초등학생일 때는 학교가 끝나면 집에 가방을 가져다 두고 저녁을 먹기 전까지 친구들과 어울려 놀곤 했습니다. 매일 만나는 친구와 다투고 화해하면서 우정을 쌓고 즐겁게 이곳저곳에서 놀곤 했습니다.

하지만 이제는 이런 모습을 찾아보기 힘들어졌습니다. 학교를 마치면 학원에 가거나 학습지를 풀고 방과 후 수업에 참여하는 어린이들도 많습니다. 초등학생들의 하루를 들여다보면 따로 시간을 내서 노는 시간을 만들지 않으면 친구들과 놀 시간도 없습니다.

아파트 단지 내 놀이터나 동네 놀이터에서 놀더라도 아이 혼자 나와서 놀다가 들어가는 아이는 거의 없는 것이 현실입니다. 학원에 가기 전이나 셔틀버스를 기다리면서 부모님의 보호 아래 잠시 노는 시간이 주어질 뿐입니다. 이때도 대부분은 엄마들끼리 삼삼오오 모여서 함께 학원을 보내거나 아이들을 놀리곤 합니다.

이러한 환경에서 보호자 없이 아이 혼자 나가서 노는 것은 쉬운 일이 아닙니다. 그렇다 보니 맞벌이로 직장에 근무하는 엄마들에게는 아이가 친구들과 어울리는 문제가 커다란 고민이 아닐 수 없습니다. 또래와 어울려 노는 것은 아이에게 아주 중요하므로 당장 눈앞에 나타나는 문제가 없다고 무관심하기보다는 평소에 대화를 통해 관심을 기울이는 것이 좋습니다. 먼저 아이의 교우 관계를 파악하기 위해 다음과 같은 질문을 해보세요.

- 교실에서 친하게 지내는 친구는 이름이 뭐니?
- 요즘은 친구들과 무엇을 하고 노니?
- 함께 놀고 싶은 친구가 있니?
- 친구들과 함께 하고 싶은 것이 있니?

이렇게 대화를 통해 아이의 교우 관계를 어느 정도 파악한 다음, 아이가 친구들과 원만하게 지낼 수 있도록 부모님께서 도와주어야 합니다. 교우 관계를 넓히고 돈독히 하는 데 도움을 줄 방법은 여러 가지가 있겠지만, 우선 여기서 조언하는 내용을 실천해보도록 하세요.

● 베풀 줄 아는 아이로 키우자

1학년 담임을 하면서 가족관계를 살펴보다 보면 동생이 없는 아이들이 3분의 2 이상입니다. 외동으로 부모님의 사랑을 독차지하며 자라다 보니 나누거나 양보하는 습관이 매우 부족합니다. 하지만 혼자 자랐다고 해서 모두가 자기만 알고 이기적인 것은 아닙니다.

늘 단정하게 머리를 빗고 등교하는 기영이는 형제가 없이 혼자 자랐지만 늘 배려하고 나누는 습관이 몸에 배어 있습니다. 하루는 준비물로 빨대랑 아이스크림 막대기를 몇 개씩 가져와야 하는데 기영이는 어디서 구했는지 빨대와 아이스크림 막대기를 한 봉지씩 가져와 선생님 책상에 올려두었습니다. 기영이에게 물으니 엄마가 혹시 가져오지 못한 친구들이 있으면 나누어 쓰라고 선생님께 드리라고 했다는 것입니다. 그래서 미술 시간에 꾸미기를 하면서 미처 준비물을 챙기지 못한 친구들에게 나누어 주게 했습니다.

그뿐만이 아니었습니다. 자, 풀, 색종이를 비롯하여 만들기를 할 때 필요한 재활용 상자나 페트병도 늘 조금씩 여유 있게 준비해 왔습니다. 기영이가 가져온 여분의 준비물은 미처 준비물을 챙기지 못한 친구들이 매우 요긴하게 사용했습니다. 빌려 쓴 친구들이 기영이에게 고마워했음은 물론이고 교사인 저도 고마움을 느꼈습니다. 그리고 준비물을 미처 보내지 못한 어머니들도 아이들에게 사탕이나 간단한 과자 같은 것을 기영이에게 전해주곤 했습니다. 때론 기영이가 엄마와 함께 만든 쿠키를 가져와 우유 급식을 먹을 때 친구들과 함께 맛보기도 했습니다. 이렇게 평소 나누는 것을 중요하게 생각하는 기영이 어머니의 태도가 자연스럽게 기영이에게도 교육이 되어 친구 관계에 상당히 긍정적인 영향을 미쳤습니다.

● 엄마나 아이나 용기가 필요하다

예비소집일이나 등하굣길에 학교에 가보면 아이의 손을 잡은 엄마들의 모습을 볼 수 있습니다. 조금 쑥스럽더라도 앞뒤에 있는 부모님이나 아이들과 가볍게 인사를 나누어보세요.

"너는 어느 유치원에 다녔니?"

"어디 사시나요?"

이렇게 먼저 용기를 내어 이야기를 나누다 보면 서로 사는 곳이나 공통된 걱정거리에 대해서 이야기를 나누게 되고, 이렇게 인사를 나눈 것이 인연이 되어서 차를 한잔 마시며 서로 전해 들은 정보를 나누다 보면 엄마나 아이나 서로 가까워집니다.

대부분 사람들은 누군가 이야기를 걸어준다면 대답할 준비가 되어 있지만 먼저 나서서 이야기를 던지는 것을 쑥스러워하고 조금은 부끄럽게 생각합니다. 그래서 필요한 것이 바로 용기입니다. 아이들끼리의 관계에서도 마찬가지입니다. 먼저 인사하고 이야기를 건네는 용기가 필요합니다. '누군가 다가와주겠지?' 하는 마음으로 기다리다 보면 운 좋게 누군가 다가와줄 수도 있지만 기다리는 시간이 생각보다 길어질 수도 있습니다.

앞서 이야기한 것처럼 아이들이 함께 어울리며 놀이를 통해서 자연스럽게 친해질 기회가 턱없이 부족한 시대를 살다 보니 이런 용기가 상당히 중요합니다. 먼저 다가가면 더욱 일찍 좋은 친구들을 사귈 수 있다는 것을 기억하세요.

● 방과 후 수업을 활용하자

영어나 수학 같은 지식을 전달하는 정규 교과목 수업보다는 몸과 마음이 편안한 방과 후 수업이 아이가 친구들과 함께 어울리는 데 많은 도움을 줄 수 있습니다. 댄스 교실이나 스포츠 교실 등 개인적으로 활동하는 수업보다는 함께 어울려 활동하는 방과 후 프로그램을 선택하는 것이 더 좋습니다.

특히 집의 방향이 비슷하거나 엄마들끼리 미리 안면이 있는 경우 함께 방과 후 수업을 신청해서 활동하면 함께 등하교를 하므로 좀 더 안심이 되고, 급하게 우산을 가져다주어야 하거나 마중을 나가기 힘들 때 서로 도움을 줄 수 있는 등 여러모로 장점이 많습니다. 같은 반에 친한 친구가 없더라도 방과 후 교실에서 친한 친구를 만나서 어울리다 보면 스트레스도 풀고 수업도 더욱 즐겁게 받을 수 있습니다.

● 주말 체험 프로그램을 활용하자

친한 친구가 있어도 주중에는 일정이 맞지 않아 서로 시간을 내기가 쉽지 않습니다. 주 5일 수업이 되면서 토요일에는 각 지역별로 많은 체험 프로그램이 운영되고 있습니다. 각 지방자치단체에서 운영하는 프로그램은 물론 교육청, 박물관, 미술관 등에서 운영하는 프로그램들이 수없이 많으며 딸기 따기나 감자 캐기 등 도시에서 접하기 힘든 프로그램도 많습니다.

이런 프로그램에 자녀만 데리고 참여하기보다는 자녀가 친하게 지내는 친구들과 함께 가벼운 나들이 삼아 떠나보세요. 아이들은 친구와 함께하기에 더욱 즐겁고 어른들도 서로 부담 없이 가까워지는 기회가 됩니다. 마음이 맞는 친구들은 비록 같은 반이 안 되더라도 서로 의지할 수 있는 사이가 되고 이를 통해 가족 간에 친분도 형성되어 좋은 이웃사촌을 얻기도 하니 한 달에 한 번쯤은 시간을 내보도록 하세요.

아이를 자꾸 때리는 친구가 있는데 어떻게 해야 할까요? 12

1학년 아이라 해도 친구를 때렸다면, 그리고 피해자가 적법한 절차를 밟아 학교에 신고한다면 위원회가 열리고 그 결과에 따라 처벌을 받을 수 있습니다. 과거에는 이런 일이 있어도 '아이들끼리의 일'이라고 생각하거나 단순한 '장난' 정도로 여기고 넘어가곤 했지만, 지금은 상황이 많이 달라졌습니다.

학교에서 학생들에게 늘 강조하고 부모님께도 꼭 드리고 싶은 말은 폭력이 문제가 되어 학교에서 처벌을 위한 위원회가 열린 상황에서 '장난'이라는 말은 통하지 않는다는 것입니다. 한 대를 때렸든 다리를 걸어 넘어뜨렸든 그것은 폭력일 뿐 어떤 경우에도 '장난이었다'

는 말은 통하지 않습니다. 피해자가 신고를 하는 순간 이것은 폭력 사건으로 처리됩니다. 대개 장난이라고 이야기하는 쪽은 가해자 측인데요, 이 장난이라는 말이 오히려 피해자 쪽을 자극해 더욱 상황을 악화시키는 경우가 많습니다.

학교 폭력이 사회적 문제로 대두되면서 정부도 학교 폭력을 뿌리 뽑겠다는 강력한 의지를 표명하고 있는 만큼 학교 현장에서도 이를 결코 가볍게 취급하지 않습니다. 예전에는 '그럴 수도 있지' 하고 넘어가던 일들이 이제는 학교폭력대책위원회가 열리는 중대한 문제가 될 수도 있습니다. 피해자가 신고를 했는데도 위원회를 열지 않고 그냥 넘어가면 교사나 관련 업무 담당자들이 처벌을 받게 됩니다. 즉 그동안 어른들이 별일 아니라고 생각했던 문제로 우리 아이가 가해자나 피해자가 될 수 있게 된 것입니다.

친구를 때리거나 싸우는 일은 이제 하나의 폭력 사건으로 다루어집니다. 조금 심하다 싶은 경우도 있지만 억울한 피해자를 생각하면 그냥 넘어가기만 할 수도 없는 노릇입니다. 실제로 심한 폭력이 벌어진 경우 피해자가 원하면 바로 출석 정지나 전학 조치가 이루어지기도 합니다.

실제로 학교 폭력에 대한 교육을 받으며 피해자들의 사례를 접하면서 든 생각은 아무리 작은 폭력이어도 피해를 당하는 입장에서는 씻을 수 없는 상처가 될 수 있다는 것이었습니다. 그리고 뉴스에나 나오는 커다란 사건들이 모두 다 어린 시절부터 가볍게 생각해온 작은 다툼에서 시작된다는 것입니다. 작은 폭력에 점점 무감각해져서 '그 정도는 별거 아니야'라는 생각이 드는 것 자체가 우리가 폭력에 무감각해진 증거라고 보아도 무방할 것입니다. 아무리 작은 폭력이라 하더라도 우리 아이들이 접하지 않도록 최선을 다하는 것이 교사나 학부모가 해야 할 역할 중 하나인 것입니다.

그러면 실제로 아이가 학교 폭력의 피해자나 가해자가 되었을 때 어떻게 해야 좋을지 알아봅시다.

1 | 우리 아이를 괴롭히는 아이가 있을 때

우선 일의 앞뒤를 정확히 파악하는 것이 좋습니다. 그리고 담임선생님께 상담을 요청하세요. 아이를 괴롭히는 아이가 있음을 정확하게 선생님께 전달하고 재발하지 않도록 요구하는 것이 중요합니다.

학교에 정식으로 폭력을 신고하면 피해자 진술을 위해 조사를 받아야 하고 위원회 조사에 참석하여 의견을 진술해야 합니다. 최대한 비밀이 보장되도록 일을 진행하지만 이런 문제는 대부분 같은 반이나 같은 학교 혹은 자주 어울리는 친구들 사이에서 생기기 때문에 주위에 알려지는 것이 부담이 될 수도 있습니다. 따라서 가벼운 사안일 경우에는 담임교사의 지도를 통해서 해결하는 것이 좋습니다. 하지만 선생님께 말씀드린 이후에도 해결이 되지 않는다면 선생님께 단호하게 입장을 표명하고 신고를 원한다고 말씀드리도록 하세요.

2 | 우리 아이가 다른 아이를 때려 연락이 왔을 때

명심할 것은 내 아이 편만 들었다가는 일을 키울 수 있다는 점입니다. 문제 상황을 파악한 다음 사실대로 이야기하고 피해 학생과 피해 학생의 부모에게 자녀의 잘못된 행동에 대해서 사과해야 합니다. 이러한 모습을 보이는 것 자체가 자녀에게 커다란 배움이 될 수 있습니다. 잘못한 점을 진심으로 사과하는 것은 인생을 살면서 배우는 커다란 가르침이 될 것입니다. 이런 과정을 제대로 진행하지 못해 오히려 아이가 피해자나 피해자의 부모를 비난하고 원망한다면 교육적으로 얻을 것이 하나도 없습니다.

이러한 내용이 피부에 와 닿지 않고 낯설게 느껴지는 부모님이 많겠지만 지금 학교에서는 학교폭력대책위원회가 수시로 열리고 많은 아이들이 때로는 피해자로 때로는 가해자로 복잡한 사건에 얽혀 있는 것이 현실입니다. 학교 폭력이나 왕따 문제로 자살을 하는 학생들이 생겨나면서 왕따나 폭력 문제를 결코 가볍게 넘길 수 없는 사회적 분위기가 만들어졌습니다.

가장 좋은 것은 친구들 사이에 폭력 사고가 일어나지 않도록 예방하는 것입니다. 그 첫걸음은 바로 나와 다른 상대방을 이해하고 존중하는 태도를 길러주는 것입니다. 나와 '다른' 것이 '틀린' 것이 아니라는 교육이 필요합니다. 나와 다른 것을 이해하고 존중하는 마음을 기를 수 있도록 부모가 모범을 보여야 할 것입니다. 그리고 장난으로라도 친구를 때리는 행동은 용서받지 못한다는 것을 인지시키고 주의를 주어야 할 것입니다. 아이가 초등학교에 입학하기 전 아래에 첨부한 관련 법령을 꼭 읽어보시길 권합니다.

학교 폭력 예방 및 대책에 관한 법률
[국가 법령정보센터(http://www.law.go.kr)에서 일부 발췌]

제1조(목적) 이 법은 학교 폭력의 예방과 대책에 필요한 사항을 규정함으로써 피해 학생의 보호, 가해 학생의 선도·교육 및 피해 학생과 가해 학생 간의 분쟁 조정을 통하여 학생의 인권을 보호하고 학생을 건전한 사회 구성원으로 육성함을 목적으로 한다.

제2조(정의) 이 법에서 사용하는 용어의 정의는 다음 각 호와 같다. 〈개정 2009.5.8., 2012.1.26., 2012.3.21.〉

1. '학교 폭력'이란 학교 내외에서 학생을 대상으로 발생한 상해, 폭행, 감금, 협박, 약취·유인, 명예훼손·모욕, 공갈, 강요·강제적인 심부름 및 성폭력, 따돌림, 사이버 따돌림, 정보통신망을 이용한 음란·폭력 정보 등에 의하여 신체·정신 또는 재산상의 피해를 수반하는 행위를 말한다.

1의2. '따돌림'이란 학교 내외에서 2명 이상의 학생들이 특정인이나 특정 집단의 학생들을 대상으로 지속적이거나 반복적으로 신체적 또는 심리적 공격을 가하여 상대방이 고통을 느끼도록 하는 일체의 행위를 말한다.

1의3. '사이버 따돌림'이란 인터넷, 휴대전화 등 정보통신기기를 이용하여 학생들이 특정 학생들을 대상으로 지속적, 반복적으로 심리적 공격을 가하거나, 특정 학생과 관련된 개인정보 또는 허위사실을 유포하여 상대방이 고통을 느끼도록 하는 일체의 행위를 말한다.

2. '학교'란 「초·중등교육법」 제2조에 따른 초등학교·중학교·고등학교·특수학교 및 각종 학교와 같은 법 제61조에 따라 운영하는 학교를 말한다.

3. '가해 학생'이란 가해자 중에서 학교 폭력을 행사하거나 그 행위에 가담한 학생을 말한다.

4. '피해 학생'이란 학교 폭력으로 인하여 피해를 입은 학생을 말한다.

5. '장애 학생'이란 신체적·정신적·지적 장애 등으로

「장애인 등에 대한 특수교육법」 제15조에서 규정하는 특수교육을 필요로 하는 학생을 말한다.

제3조(해석·적용의 주의의무) 이 법을 해석·적용함에 있어서 국민의 권리가 부당하게 침해되지 아니하도록 주의하여야 한다.

제4조(국가 및 지방자치단체의 책무) ① 국가 및 지방자치단체는 학교 폭력을 예방하고 근절하기 위하여 조사·연구·교육·계도 등 필요한 법적·제도적 장치를 마련하여야 한다.

② 국가 및 지방자치단체는 청소년 관련 단체 등 민간의 자율적인 학교 폭력 예방 활동과 피해 학생의 보호 및 가해 학생의 선도·교육 활동을 장려하여야 한다.

③ 국가 및 지방자치단체는 제2항에 따른 청소년 관련 단체 등 민간이 건의한 사항에 대하여는 관련 시책에 반영하도록 노력하여야 한다.

④ 국가 및 지방자치단체는 제1항부터 제3항까지의 규정에 따른 책무를 다하기 위하여 필요한 행정적·재정적 지원을 하여야 한다. 〈개정 2012.3.21.〉

13. 아이가 너무 내향적이라서 친구들과 잘 어울릴지 걱정이에요

성격을 이야기할 때 우리는 흔히 '외향적이다' 혹은 '내성적이다'라는 말을 자주 사용합니다. 실제로 MBTI^{Myers-Briggs Type Indicator} 성격 유형 검사에서도 외향성과 내향성은 성격을 이루는 중요한 요소에 해당합니다. 그러면 먼저 이 두 가지 요소에 대해서 이야기를 나누어볼까요.

● **외향성**

에너지가 외부로 향하는 것을 말합니다. 외부로 향하다 보니 다른 사람이 쉽게 알아차릴 수 있지요. 혼자서 노는 것을 지루해하고 자신의 생각을 즉시 친구나 부모님께 이야기합니다. 조잘조잘 이야기하는 것을 좋아하고 친구들과 잘 어울립니다. 다양한 일들에 호기심을 보이고 사교적입니다. 먼저 이해하고 행동하기보다는 경험을 한 후에 이해를 합니다.

● **내향성**

외향형과 반대로 에너지가 자기 내부로 향합니다. 차분하고 신중하며 여럿이 함께 뒤엉켜 지내는 것보다는 개인적인 공간을 선호합니다. 다양한 일들에 참여하기보다는 선택적으로 활동에 참여하고 자신의 생각을 정리한 후에 이야기합니다. 마음을 터놓고 이야기하는 데 시간이 걸리다 보니 쉽게 친구를 사귀기보다는 소수의 친구들과 깊은 인간관계를 맺는 것을 선호합니다.

위에 간단히 외향성과 내향성에 대하여 살펴보았습니다. 우리는 흔히 전통적으로 외향적인 성격을 '좋은 성격'이라고 생각하는 경향이 있습니다. 아무래도 외향적인 성향이 자신을 드러내는 데 적극적이다 보니 학교에서도 발표에 적극적이고 앞에 나서기를 주저하지 않습니다. 그렇다 보니 다소 소극적인 모습을 보이는 내향적인 학생들보다 좋아 보이는 것 같습니다.

하지만 우리가 사는 세상은 이런 외향적인 성향과 내향적인 성향의 사람들이 함께 어우러져 살고 있고 이러한 성향은 좋다거나 나쁘다고 말할 수 있는 것이 아닙니다. 사과를 좋아하는 사람은 맞고 자두를 좋아하는 사람은 틀렸다고 말할 수 없는 것처럼 외향성과 내향성도 서로 성향이 다를 뿐 좋고 나쁜 것이 아닙니다.

두 성향의 장점과 단점을 따져보면, 외향형 Extraversion은 다양한 일들에 관심을 보이고 활동적이어서 새로운 일에 도전하는 것을 좋아하고 적극적입니다. 그래서 활기차고 진취적으로 보이기도 하지만 한편으로는 경솔해 보이거나 실수를 저지를 때가 잦습니다. 내향형 Introversion은 조용한 분위기에서 집중해서 일하는 것을 좋아하고 차분하고 침착하여 실수가 적고 신중한 것이 장점이지만 행동하기 전에 생각하는 시간이 길고 때로는 생각만으로 그치는 경우가 생기기도 합니다.

학급에서도 두 가지 성향을 가진 아이들이 서로 어우러져 생활합니다. 학급의 궂은일도 적극적으로 나서서 맡는 외향형 어린이들이 너무 고맙고 웃음 짓게 하지만 자신을 드러내지 않으면서도 묵묵히 학급의 일들을 성실하게 해주는 내향형 어린이들이 든든함을 주기도 합니다. 서로 다른 성향을 비판할 것이 아니라 서로의 장점으로 서로 부족한 부분을 채워줄 필요가 있다고 생각합니다.

흔히 내성적인 아이들의 부모님들은 아이가 친구를 사귀는 문제로 고민을 하곤 합니다. 그렇지만 외향적인 아이들은 친구들이 많아 보이나 그 깊이가 깊지 않은 경우가 많고 내성적인 어린이들은 친구가 많지는 않지만 그 깊이가 깊은 경우가 많습니다. 그리고 두 성향의 어린이들은 서로 친구를 사귀는 방법이 다르고 우정을 쌓아가는 방법도 다릅니다. 따라서 자녀를 지도할 때 자녀의 장점은 살릴 수 있도록 도와주고 자녀의 성향으로 인해서 조금은 부족한 부분은 노력하여 고쳐나갈 수 있도록 지도하는 것이 좋습니다.

예를 들어 외향성이 강한 자녀라면 자신의 주장만을 이야기하기보다는 친구의 생각을 물어보고 친구의 이야기를 경청하도록 지도하는 것이 도움이 되겠지요. 반대로 내향성이 강한 자녀라면 자신의 생각을 친구에게 이야기하도록 조언하면 좋습니다. 내향적인 아이는 자신의 생각을 이야기하지 못하고 친구들에게 끌려다니면서 마음에 상처를 받는 일이 많기 때문이지요. 그리고 마음에 드는 친구가 있다면 먼저 용기를 내서 말을 건네보도록 조언해주시길 바랍니다.

성격도 중요하지만 친구들 간에 좋은 관계를 지속하게 하는 것은 바로 서로를 이해해주는 배려심과 이해심입니다. "아이들은 듣고 배우는 것이 아니라 보고 배운다"는 말이 있습니다. 이론적으로 접근하기보다는 주변 사람들과 좋은 관계를 유지하고 이웃들과 반갑게 인사를 나누는 모습을 보여주는 것이 좋은 친구를 사귀는 데 중요한 첫걸음이 될 것입니다.

Q&A 선생님, 알려주세요

Q 학교에서 아이가 싸워 여러 가지로 곤란을 겪은 엄마들의 이야기를 들었습니다. 혹시 아이가 다투어 다른 친구를 다치게 하거나 우리 아이가 다쳤을 때는 어떻게 해야 하나요?

아이가 아무 문제없이 학교생활을 하면 다행이지만 아이를 키우다 보면 친구와 다투는 일이 생기기도 하고 장난을 치다가 다치는 일도 발생합니다. 우선 친구와 다투는 일이 생기면 부모님이 적극적으로 대처해야 합니다. '아이를 키우다 보면 그럴 수도 있지' 하고 넘어가는 경우도 있지만 그렇게 쉽게 넘어가기 힘든 일도 생기기 때문입니다.

우선 '우리 아이도 잘못할 수 있다'는 생각을 가지고 접근해야 합니다. 아이가 잘못한 점이 있을 때는 적극적으로 사과하고 병원에서 치료를 요하는 경우 적은 액수일지라도 치료비를 제공해야 합니다. 아이가 잘못한 점을 사과하고 원만히 해결하는 과정 자체가 아이에게 훌륭한 교육이 된다는 점을 잊지 마세요.

반대로 우리 아이가 다친 경우에도 원하는 것을 상대 아이의 부모에게 솔직하게 전달하는 것이 좋습니다. 속상한 마음을 품고 있으면서 말하지 못하고 그냥 대충 넘어가다 보면 서운하고 마음이 상하기 때문입니다.

가장 좋은 것은 이런 일이 생기지 않도록 사전에 예방하는 것입니다. 아이들에게 늘 주의를 주고 화가 나더라도 다투기보다는 선생님이나 부모님께 이야기하도록 지도해주세요. 또한 친구를 괴롭혔거나 친구에게 괴롭힘을 당한 일이 생기면 아이가 이야기할 때 다그치기보다는 이야기를 잘 듣고 담임선생님께 솔직하게 이야기를 드리고 해결책을 찾는 것이 좋습니다.

Q 친구 생일에 초대받았을 때 생일 선물은 어떤 것을 하는 것이 좋을까요? 비싼 선물은 부적절한 것 같다는 생각도 들지만 너무 싼 것은 성의가 없어 보이기도 해서요.

 아이의 친구들 생일 선물 때문에 누구나 고민을 해보셨을 거예요. 초등학교 1학년 아이들이 비싼 선물을 주고받는 것은 바람직하지 않습니다. 먼저 아이들의 입장에서 생각해보면 좋습니다. 1학년 어린이들은 재미있는 선물을 좋아합니다. 그리고 아이들이 가지고 싶어 하는 것들이 있어요. 문방구에 가서 슬쩍 물어보면 요즘 아이들이 좋아하는 것들을 아저씨가 알려주실 겁니다.

더욱 좋은 방법은 아이 친구에게 선물로 무엇을 받고 싶은지 물어보는 것입니다. 예쁜 스티커나 수첩, 캐릭터 학용품 등 다양한 것들이 나올 거예요. 그중에서 부담이 없는 것으로 한 가지를 선택하면 됩니다. 그리고 특별한 내용이 없더라도 생일을 축하하는 엽서 한 장을 곁들이면 무엇보다 만족스러운 선물이 될 거예요. 이런 선물이 싫으시다면 재미있는 책 한 권도 정말 좋습니다. 표지 뒤에 편지를 써서 친구에게 선물하면 다른 어떤 선물보다 오래 보관하고 쉽게 잊히지 않는 선물이 될 거예요.

Q 아이 생일잔치를 할 때 같은 반 친구들을 모두 초대해야 하나요?

1학년 아이를 둔 어머님들은 생일잔치를 열어주는 경우가 많습니다. 이 기회를 통해서 아이를 주인공으로 만들어주고 싶은 욕심에 가까운 친구들만 초대하기보다는 다소 비용이 들더라도 학급 친구들을 모두 초대하기도 합니다. 하지만 경제적으로나 준비하는 과정이 여간 부담스럽지 않을 수 없습니다.

요즘에는 같은 달에 생일이 있는 친구들의 어머님들끼리 의견을 모아서 인근 놀이터나 공원 같은 곳에서 간식을 나누어 먹고 함께 신 나게 놀 수 있는 시간을 마련해주기도 합니다. 그러면 비용이나 일손을 덜 수 있지요.

물론 이런 식으로 생일잔치를 하는 것이 바람직한지에 대해서는 엄마들마다 생각이 다를 텐데요. 동네 친구들끼리 자연스럽게 어울려 놀 수 있는 환경이 아니다 보니 아이들을 함께 어울리게 해주려고 생겨난 새로운 문화인 것 같습니다.

어쨌든 아이의 생일잔치를 너무 부담스러울 정도로 과하게 하는 것은 바람직하지 않을 것 같습니다. 소신에 따라 가족끼리 조용히 잔치를 하거나 친한 친구들을 초대해 조촐하게 파티를 하는 것도 나쁘지 않습니다.

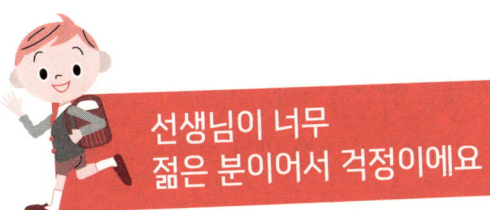

14. 선생님이 너무 젊은 분이어서 걱정이에요

    동네에 잘생긴 미남 의사 선생님이 병원을 개업했습니다. 의대를 졸업하고 병원에서 일하다가 개업을 했는데 젊은 데다가 최근에 나오는 의료기기를 다루는 솜씨도 아주 뛰어납니다. 새로운 수술 기법도 배워서 기존과 다른 방법으로 수술을 할 수 있는 실력을 갖추었습니다. 환자의 이야기를 조금만 들어도 어디에 문제가 있는지 빨리 알아차리곤 합니다. 하지만 한 가지 아쉬운 점은 아직 환자들을 수술한 경험이 별로 없습니다. 경험이 쌓여가면서 점점 더욱 훌륭한 선생님이 되시겠지요.

    동네에 있는 다른 병원의 의사 선생님은 수술에 참여한 경험이

1000번도 넘는다고 합니다. 이 의사 선생님은 환자들의 이야기를 찬찬히 모두 들어주고 환자의 상태를 판단합니다. 이 의사 선생님께 수술을 받은 환자들은 마음이 편안하고 만족할 만한 회복을 하여 다시 믿고 수술을 맡길 수 있겠다고 이야기합니다. 다만 최신 의료기기를 다루는 데 서투르고 최신 수술 방법을 따라 하는 것에는 조금 어색해하십니다.

두 의사 선생님 중에서 여러분은 어느 의사 선생님을 선택하시겠습니까? 학교로 이야기하자면 젊은 선생님들은 대학을 졸업한 지 얼마 되지 않아 수업에 열정적이고 최신형 컴퓨터와 스마트폰을 활용해 학생들이 흥미를 느낄 수 있도록 수업을 진행합니다. 하지만 선생님의 열정이 앞설 때가 많아 학생이나 학부모를 잘 이해하지 못한다는 생각이 들곤 합니다.

반대로 연세가 조금 있는 선생님께서는 스마트폰으로 수업을 진행하거나 컴퓨터를 활용하여 수업하는 것은 조금 어색해하시지만 학생들의 마음을 이해하고 학생들이 어려워하는 부분을 미리 알고 차근차근 잘 지도해주십니다. 다만 때때로 수업이 조금 지루하게 느껴지기도 합니다.

요즘은 맞벌이로 바쁜 젊은 엄마들을 대신하여 할머니나 할아버지들께서 손자나 손녀를 돌보아주시는 경우가 많습니다. 요즘 젊은 엄마들은 육아 관련 서적도 많이 읽어서 아이들하고 놀아주기도 잘하고 위생도 신경을 많이 쓰고 각종 유아 교육서에서 배운 내용으로 열심히 아이를 돌보고 키웁니다. 옛날 기준으로 보자면 아이 하나 키우는 데 저렇게까지 해야 하나 하는 생각이 들기도 합니다. 아이들이 제대로 따라오지 못할 때는 야단을 치는 무서운 부모가 되기도 합니다.

할머니는 어떠신가요? 요즘 나오는 자녀 교육서에 있는 말들은 너무 어렵고 복잡하다고 느끼십니다. 아이를 대할 때 교육적 효과를 먼저 고려하기보다는 사랑스러움과 안쓰러움으로 대하십니다. 물을 마실 때도 목에 걸릴까 봐 등을 쓸어주시기도 하고 귀하고 맛있는 것을 보면 손주들 챙겨주고 싶은 마음뿐입니다. 아이들은 할머니에게 영어와 수학을 배우지는 않지만 그런 할머니가 참 좋고 고맙습니다.

한 아이의 부모로서 학교를 볼 때는 담임선생님이 어떤 분인지에 가장 관심이 쏠리게 마련입니다. 우리 아이를 1년 동안 맡아서 공부도 가르쳐주고 생활지도도 하시니 좋은 담임선생님을 만나게 해달라고 새벽기도에 나가기도 합니다. 하지만 15년간 교사로 근무하면서 느낀 정말 흥미로운 점은 선생님에 대한 평가가 모두 제각각이라는 것입니다. 실제로 아이들은 너무 좋아하지만 부모님들은 조금 아쉬워하는 선생님도 있고 부모님들은 너무 좋아하지만 정작 학생들의 반응은 시큰둥한 선생님도 있습니다.

제가 내린 결론은, 아이들을 단순한 배움의 대상으로 보는 교사가 아닌 나의 아이, 즉 우리 반의 내 제자라는 생각을 가진 분은 모누 좋은 선생님이라는 것입니다. 아이들이 저마다 다 다르듯이 학교 선생님들도 모두 제각각입니다. 특히 초등학교에는 다양한 능력이 있는 선생님들이 계십니다. 수학을 기가 막히게 잘 가르치시는 선생님도 계시고 아이 상태를 하나하나 살펴 마음을 써주시는 분도 계십니다.

선생님의 나이를 문제 삼기보다는 학부모와 교사 그리고 아이와 교사 사이에 돈독한 관계를 형성하는 데 초점을 맞추시길 바랍니다. 갑자기 어떤 문제가 생겼을 때 선생님과 어색한 표정으로 마주하기보다는 서로 얼굴이라도 간단히 익히거나 혹은 문자를 통해서라도 인사를 나누고 아이에 대해서 많은 이야기를 나누는 관계를 만드시길 바랍니다. 선생님이 너무 젊다고 걱정을 하기보다는 때로는 말하고 싶은 이야기를 편안하게 나눌 수 있도록 좋은 관계를 형성하라고 권하고 싶습니다.

● **자녀 앞에서 선생님 험담은 금물**

어느 부모나 담임선생님께 만족하는 점도 있고 아쉬운 점도 있을 테지만 아이 앞에서 선생님 험담은 금물입니다. 담임선생님에 대한 험담을 들으면 아이도 은연중에 '선생님이 나쁘구나' 혹은 '우리 선생님은 좋은 사람이 아니구나'라고 생각하게 되고, 자연스레 선생님을 온전히 신뢰하지 못하게 됩니다. 부모로서 가볍게 한 이야기일 수도 있지만 아이들에게는 좋지 못한 영향을 미칩니다. 그러면 자연스레 아이와 선생님, 선생님과 부모의 관계는 어색해집니다.

● **인사만 잘해도 사랑받는다**

학기 초부터 선생님 머릿속에 쏙 들어오는 아이들이 있습니다. 교실 문을 활짝 열고 큰 소리로 인사하는 아이들과 조용히 다가와 단정히 인사하는 아이들입니다. 만날 때마다 예의 바르게 인사를 하는 아이를 보면 흐뭇해지고 더 관심이 가는 건 인지상정입니다.

학부모들도 마찬가지입니다. 안면은 있지만 인사 한 번 제대로 나누지 못한 엄마들은 나중에 우연한 기회가 되어서야 '아! 저분이 찬호 어머님이셨구나' 하는 경우도 있지만 평소 인사를 나눈 엄마들은 지나가다 만나도 반갑게 인사를 나누게 됩니다. 또한 평소 인사라도 나누며 지낸 학부모와는 곤란한 문제로 상담을 할 때도 어색함 없이 열린 마음으로 이야기를 풀어나갈 수 있습니다.

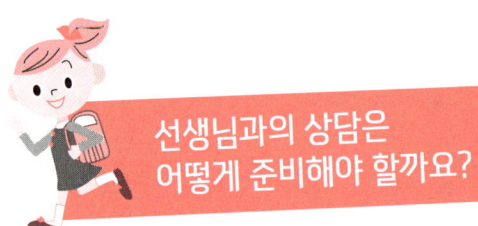

15 선생님과의 상담은 어떻게 준비해야 할까요?

　학부모라면 아이를 유치원에 보내고 적응은 잘하고 있는지 불안해한 경험이 누구나 있을 것입니다. 아이가 유치원 생활에 적응하면 안심을 하다가 초등학교 입학을 앞두고는 같은 걱정이 다시 시작됩니다.

　특히 가정에서 올바른 습관 형성이 잘 안 된 아이의 부모님이라면 더욱 걱정하게 됩니다. 유치원은 아무래도 초등학교에 비해 상대적으로 자유롭고 개방적이다 보니 아이들이 적응하는 데 그다지 어려움을 겪지 않지만, 교실이라는 공간에서 책상에 앉아 수업을 받고 친구들과 교류하면서 생활해야 하는 초등학교는 아무래도 더 신경이 쓰이게 마련입니다.

　이런저런 궁금한 점을 물어보고 아이에 대한 선생님의 이야기를 들을 수 있는 좋은 기회가 바로 상담입니다. 보통 초등학교에서는 1년에 두 차례 상담 기간을 정하여 상담을 합니다. 1학기 초에 한 번 정도 실시하고 2학기에도 한 번, 대부분 학교에서 이렇게 2회 정도 실시하는데 주로 학습, 교우 관계, 학교생활 등을 주제로 이야기를 나눕니다.

　하지만 아무런 준비나 계획 없이 선생님과 만나서는 실속 없는 상담이 될 확률이 높습니다. 특히 상담 기간에는 학부모님들의 상담이 몰려서 잡히기 때문에 상담 시간이 채 20분도 안 될 때가 많습니다. 그래서 준비를 하지 않으면 인사나 나누고 "우리 영희는 학교생활 잘하나요?" 이런 질문으로 그저 평범한 이야기만 몇 마디 나누다 끝날 수도 있습니다.

　그러면 학교 상담을 어떻게 준비해야 할지 알아봅시다.

1| 학기 초 상담에서는 우리 아이를 알리는 데 초점을 맞추자

　입학을 하거나 새 학년이 시작되면 3월이나 늦어도 4월 초에는 학부모 상담을 하게 됩니다. 아이들 이름을 열심히 외우셔서 하루 이틀 만에 반 아이들의 이름을 모두 외워버리는 대단한 선생님도 계시지만 저는 반 전체 아이들의 이름이 자연스럽게 술술 나오기까지 일주일 넘게 걸립니다.

또한 학기 초에는 선생님도 아이들도 약간 긴장한 상태에서 서로를 대하기 때문에 학기 초 첫인상과 그 이후 아이들의 모습이 완전히 달라지는 것을 자주 보게 됩니다. 3월 한 달 동안 워낙 조용하고 얌전해서 상당히 내성적이라고 생각한 아이가 나중에 보니 오락 부장을 해도 될 만큼 활발한 경우도 있습니다. 그래서 이 시기에 선생님이 학생을 완전히 파악하고 학부모와 대화를 나누기에는 어려운 점이 많습니다.

따라서 학기 초 상담에서는 선생님의 이야기를 듣기보다는 자녀의 성향과 특성을 알리는 데 초점을 맞추도록 하세요. 예를 들면, 말이 없고 내성적이지만 엉뚱한 구석이 있어 가끔 위험한 장난을 친다거나 편식이 아주 심하니 학교에서 엄하게 급식 지도를 해달라고 말씀드리는 겁니다. 이를테면 "아이를 사랑해주시던 할머니가 최근에 돌아가셔서 많이 우울해하고 있어요"라고 아이에 대한 상세한 정보를 제공하면 선생님이 아이를 이해하는 데 많은 도움이 되고 세심하게 배려할 수 있습니다. 학기 초 상담을 아이의 강점과 약점을 선생님께 설명드리고 이해나 양해가 필요한 부분은 미리 알려드리는 기회로 활용하세요.

2 | 2학기 상담에서는 내가 모르는 아이의 모습을 발견하는 데 초점을 맞추자

석 달 정도가 지나면 선생님들은 아이들의 성격과 특성, 장단점을 어느 정도 파악합니다. 학습 태도나 생활습관 그리고 교우 관계까지도 대부분 파악되기 때문에 이때부터는 선생님이 학부모에게 아이에 대해서 많은 이야기를 해줄 수 있습니다.

집에서 아이 하나만 바라보는 부모들은 아이를 바라보는 시선이 주관적일 수밖에 없지만, 선생님은 여러 아이들 속에서 아이를 바라보므로 좀 더 객관적인 시선으로 아이를 볼 수 있습니다. 그래서 부모의 눈에는 보이지 않는 문제점이나 장단점을 알려줄 수도 있고, 집에서와는 상당히 다른 아이의 모습을 알려줄 수도 있습니다.

3 | 고치고 싶은 문제가 있다면 적극적으로 도움을 요청하자

아이가 스스로 책가방을 싸지 않거나 준비물을 챙기지 않는 버릇을 고치기 위해 노력 중이라면 이러한 내용을 선생님께 말씀드리고 적극적으로 도움을 요청하세요. "교과서를 가지고 오지 않았을 때 학교에서도 단호하게 야단을 쳐달라"고 부탁한다거나 "아이를 주의 깊게 보아달라"고 말씀드리도록 하세요.

대부분의 부부가 교육관 차이로 다투어본 경험이 있을 것입니다. 선생님과 부모님도 서로 견해가 약간 다르기 때문에 아이의 어떤 문제나 습관을 고치려는 노력을 할 때는 선생님께 도움을 구하고 한목소리로 지도를 해야 효과적입니다. 부모와 교사가 한목소리를 내야 아이들이 문제점을 인식하기 시작합니다. 그리고 이러한 인식이 바로 아이들의 태도 변화를 일으키는 첫걸음이 됩니다.

4 | 편지로 상담을 대신할 수 있다

선생님과 만나서 이야기할 시간을 낼 수 없거나 상담할 내용이 그리 대단한 게 아닐 때는 편지를 통해서 상담할 수도 있습니다. 아이의 최근 학교생활이나 엄마의 고민거리 등에 대해 여쭈어보고 싶은 것들은 선생님께 편지로 물어보는 것도 좋습니다. 특히 학기 초에는 불쑥 찾아가서 이야기를 드리는 것이 실례가 될 수 있으므로 인사말과 함께 선생님께 편지를 드리는 것도 효과적입니다.

실제로 학기 초에 1학년 학부모에게 장문의 편지를 받은 적이 있습니다. 아이의 가족 관계와 아이가 잘하고 좋아하는 것이 무엇인지 그리고 아이의 독특한 성향 때문에 오해를 받는 일이 있다는 것과 입학을 시키며 엄마가 걱정하는 점이 무엇인지 등등 솔직한 이야기를 담은 편지가 학생을 이해하고 배려하는 데 많은 도움이 되었습니다.

5 | 상담 예약은 선택이 아닌 필수

상담을 하러 가기 전에 미리 전화나 쪽지 등을 통해 상담 가능한 시간을 선생님께 여쭈어보고 어떠한 내용으로 상담을 하고 싶은지 언질을 주는 것이 좋습니다. 갑자기 교실 문을 열고 "선생님 오늘 시간 괜찮으세요" 하면서 상담을 요청하는 경우도 있는데 이럴 때 선생님은 아무런 준비 없이 부모님을 맞이하게 됩니다. 이렇게 미처 준비가 안 된 상태에서는 학부모가 물어오는 많은 질문에 제대로 답변하기가 쉽지 않습니다.

반면에 선생님과 상담 시간을 정하고 미리 상담하고 싶은 내용이 무엇인지 이야기를 드리면 선생님도 준비할 시간이 생겨 더욱 알차게 상담을 할 수 있습니다. 예를 들어 성적에 대한 상담을 원한다면 선생님이 그동안 아이가 받은 단원평가 점수나 학급 평균 등 자료를 준비해 좀 더 깊이 있는 상담을 할 수 있습니다. 교우 관계에 대한 상담을 원한다면 선생님께서 미리 주변 친구들에 대한 정보를 준비해서 상담을 할 수 있습니다. 효과적인 상담을 위해서는 예약이 필수입니다.

선생님이 젊다면 카카오톡이나 휴대폰 문자로 상담을 신청해도 좋지만 조금 연세가 드신 선생님들은 조금은 예의가 없다고 생각할 수도 있습니다. 그러므로 직접 전화를 드려서 어떠어떠한 일로 상담을 드리고 싶다고 말씀드리는 것이 더 좋습니다.

6 | 상담하러 갈 때 메모는 필수

상담을 마치고 집으로 돌아와서야 궁금했던 것을 미처 여쭈어보지 못해서 안타까워하는 어머님들이 있습니다. 상담하러 갈 때는 선생님께 꼭 여쭈어보고 싶은 것들을 간단히 적어서 가면 이와 같은 일을 예방할 수 있습니다. 상담을 하러 가기 전에 꼭 물어보고 싶은 것들을 정리하면 영양가 없는 곁도는 이야기만으로 시간을 낭비하는 것을 피할 수 있습니다.

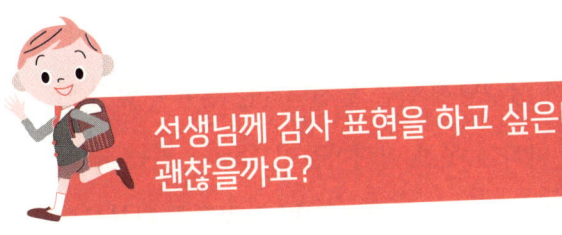

16. 선생님께 감사 표현을 하고 싶은데, 괜찮을까요?

늘 마음이 불편해지는 시기가 있는데 바로 스승의 날이 있는 5월입니다. 선생님의 은혜를 기념하는 날이니 잔치 분위기거나 기뻐야 하는데 언제부터인가 스승의 날은 그냥 조용히 넘어가야 하는 날이 되어버렸습니다.

처음에 교직에 나와 스승의 날이 맞이했을 때 아이들이 꽃을 가슴에 달아주는데 너무나 감격스러워 눈물이 났습니다. 꼬불꼬불 맞춤법도 틀린 글씨지만 아이들이 정성스럽게 적은 편지를 읽고 눈물을 흘리는 선생님도 여전히 계십니다.

하지만 언제부터인지 스승의 날은 마치 아무 일도 아닌 날처럼 조용히 지나가게 되어 행사도 하지 않는 학교들이 늘어나고 있습니다. 아마도 스승의 날을 맞아 선생님께 선물을 전달하는 일이 부담이 되고 또는 선물을 미처 준비하지 못한 어린이들이 상처를 입는 등 많은 부작용이 있기 때문일 것입니다. 이유야 어떻든 지금은 학부모님들께 선물을 받는 것을 금지하고 있습니다. 서울시교육청을 예로 들자면 3만 원 이상의 선물 등은 불허하고 있습니다(행사에서 공식적으로 받는 꽃이나 케이크 등은 제외).

선물은 주는 쪽이나 받는 쪽이나 부담이 없어야 선물이라 할 수 있겠지요. 저도 교사이자 학부모로서 지내다 보니 동료 교사에게도 아이의 담임선생님께도 감사의 마음을 전하고 싶을 때가 있습니다. 감사의 마음을 전하고 싶을 때 학부모나 선생님 모두 부담 없이 주고받을 수 있는 좋은 선물을 말씀드리겠습니다.

● 편지

감사의 마음을 말로 전할 수도 있지만 편지로 적어 보내주시는 부모님들이 계신데요. 그 어떤 선물보다 기쁘고 기억에 남는 좋은 선물 같습니다. 정성스럽게 마음을 담아 전해주시는 편지 한 통은 교사로서 보람을 느끼게 해주는 좋은 선물입니다.

● 책

책은 누구에게나 좋은 선물 같습니다. 최근 인기 있는 베스트셀러 도서를 선물로 받은 적이 있는데 덕분에 바쁜 일상 속에서 잠시 숨을 돌릴 수 있었습니다.

● 간식

오후에는 같은 학년 선생님들끼리 모여 회의를 하거나 수업 관련 협의회를 하는데 이때 차를 마시며 간단히 곁들일 수 있는 쿠키 같은 간식은 선생님들 사이에서 인기 있는 아이템입니다.

● 그 밖에 인기 아이템

호루라기, 학생들 보상용 사탕, 커피나 차, 물티슈, 모자

선생님께 감사의 뜻을 전하는 것이 잘못은 아니지만 부담스러운 선물은 여러 가지로 불편함을 초래할 수도 있습니다. 부부간에도 선물보다 서로 격려하고 고마움을 전하는 말 한마디가 더욱 값진 것처럼 아이들이 선생님 말씀을 잘 따르고 예의 바르게 인사할 수 있도록 아이들을 지도하는 것을 우선해야 할 것 같습니다.

Q&A 선생님, 알려주세요

Q 선생님께 상담을 하러 갈 때 빈손으로 가도 되나요?

현직 교사인 저도 학부모로서 아이의 담임선생님께 상담을 받으러 갑니다. 저도 학교에 있는지라 저녁 상담을 신청하여 6시 30분쯤 상담을 하러 갔는데요. 저는 선생님과 이야기를 나누며 마실 수 있는 주스와 커피 그리고 저녁 식사를 못하셨을 것 같아 간단히 파이를 하나 사 가지고 갔습니다.

사실 학교에 상담을 하러 오실 때 빈손으로 오셔도 아무런 문제가 되지 않습니다. 하지만 교사로서 상담을 하다가 목이 말라 중간에 잠시 교무실에 가서 물이나 차를 타서 학부모와 나누어 마신 적이 있는데 상담이 끊기거나 학부모가 불편하실 수 있겠다는 생각이 들었습니다. 또한 다음 상담을 기다리는 학부모가 계신 경우에는 그러기도 쉽지 않으므로 이야기를 나누며 간단히 목을 축일 수 있는 생수나 주스 정도를 준비해 가는 것은 상담을 더욱 자연스럽게 진행하는 데 도움이 된다고 생각합니다.

Q 초등학교에도 음악 선생님이나 영어 선생님, 체육 선생님이 계시다고 들었습니다. 예전에는 담임선생님께서 음악이나 체육도 가르치셨는데 이제는 초등학교에도 과목별로 선생님이 따로 계신 건가요?

학교에는 담임선생님도 계시지만 특정 교과만을 가르치는 선생님도 계십니다. 이렇게 한 가지 과목만 가르치는 선생님을 '전담선생님'이라고 부릅니다. 초등학교에서 배우는 과목이 많기 때문에 한 분의 담임선생님이 전 과목을 가르치는 것이 비효율적이고 또한 고학년을 맡은 담임선생님은 일주일 동안 해야 하는 수업 부담이 너무 크므로 학교의 규모에 따라 조금씩 다른 숫자의 전담선생님이 계십니다.

일반적으로 예체능에 특기가 있는 선생님이 전담수업을 하다 보니 음악이나 미술 체육 전담선생님들이 주로 계십니다. 하지만 전담선생님들도 담임선생님을 맡던 분들입니다. 저 역시 담임을 맡다가 다음 해에 체육 전담교사를 맡아 5학년 학생들의 체육 수업을 한 적이 있습니다. 하지만 1, 2학년 같은 저학년은 수업마다 다른 선생님이 들어가 수업을 하는 것보다는 담임선생님이 학생들을 지도하는 것이 여러모로 안정적이라서 저학년은 대개 담임선생님께서 전체 과목을 지도합니다.

Q 학교에는 보건선생님이 계시는데 아이가 아플 때는 언제나 보건실에 가도 되나요? 그리고 보건선생님은 어떤 분이신가요?

예전에는 양호실이라는 이름이 붙어 있었는데요, 이제는 명칭이 바뀌어 보건실로 불리고 선생님도 보건선생님이라고 부릅니다. 보건선생님은 매학기 초에 특이한 질병이 있거나 주의가 필요한 학생들을 조사하여 관리합니다. 그리고 평상시에는 아픈 학생들을 돌봐주기도 합니다.

학생들이 학교에서 아플 때 제일 먼저 찾는 곳이 보건실입니다. 몸 상태가 좋지 않으면 보건실에 가서 부모님이 오실 때까지 누워 있기도 하고 간단한 치료를 받기도 합니다. 하지만 병원 진료가 필요한 경우에는 학부모에게 연락을 드리고 병원이나 학부모에게 아이의 증상과 어떤 처치를 했는지 알려줍니다.

보건선생님들은 간호학과를 나와 다른 선생님들과 마찬가지로 임용시험을 거쳐 학교에서 근무하게 됩니다. 간단한 의료 상담도 가능하므로 아이가 몸이 좋지 않아 학교에 들를 때는 보건선생님께 조언을 구하는 것도 좋습니다.

Q 남자 선생님께서 1학년 담임을 맡는 경우도 있다고 하는데 왠지 1학년은 여자 선생님께서 맡으셔야 할 것 같은 생각이 들어요. 남자 선생님께서 담임선생님이 되셔도 괜찮을까요?

왠지 버스 운전은 남자가 해야 할 것 같은 그런 고정관념이 있던 시대가 있었습니다. 그와 비슷하게 1학년은 왠지 조금 연세가 있는 여자 선생님이 맡아야 한다는 고정관념이 아직도 남아 있는 것 같습니다. 저는 3년 연속으로 1학년 담임을 한 적도 있는데요, 학부모님들의 큰 불만 없이 아이들과 아주 즐겁게 보냈습니다.

저뿐만 아니라 열심히 1학년을 지도하는 남자 선생님들이 많습니다. 다만 학교 현장에 남자 선생님이 적다 보니 만나기 어려울 뿐이지요. 남자 선생님이 여자 선생님과 성향이 조금 다른 것은 맞습니다. 여자 선생님들에게 기대할 수 있는 상냥함이나 부드러움은 조금 부족할 수도 있겠지만 여자 선생님에게 없는 장점도 많습니다.

담임선생님을 만나는 것은 '운명'과 같습니다. 선생님들 역시 아이들을 골라서 만나는 것이 아니므로 하늘에서 내려준 '운명'처럼 받아들입니다. 선생님의 성별은 개의치 마시고 아이가 입학을 하고 학교생활을 하면서 선생님께 건의드리고 싶은 부분이 있을 때는 언제든 남자, 여자를 따지지 마시고 이야기를 나누어보도록 하세요.

Q 아이가 시력이 좋지 않아서 앞자리에 앉았으면 좋겠습니다. 그래야 수업에 집중도 잘할 것 같아서요. 선생님께 앞자리에 앉혀 달라고 말씀드리는 것이 좋을까요?

1학년 초에 많은 학부모들이 부탁하는 것 중 하나가 아이의 자리와 관련된 것입니다. 그리고 선생님들이 아주 신중하고 민감하게 받아들이는 부분이기도 합니다. 학교에서 자리를 정하는 방법은 상당히 많습니다. 그렇기에 대부분 선생님들은 자신의 교육관에 따라서 다양한 방법으로 자리를 정합니다. 학기 초 두루두루 친구를 사귈 수 있도록 짝꿍을 자주 바꾸기도 하고 앉는 자리 또한 앞자리 중간 자리 뒷자리를 섞어서 앉도록 배치하기도 합니다.

학부모의 부탁 때문에 특정 학생을 특정 자리에 배치하는 일은 거의 없습니다. 그렇게 할 경우 커다란 규칙이 깨어지고 규칙이 깨어지면 긍정적인 면보다는 부정적인 면이 더욱 많기 때문입니다. 따라서 앞자리에 앉게 해달라는 부탁은 선생님께 실례가 될 수도 있습니다.

하지만 아이의 나쁜 시력 등 육체적·정신적 상태나 도움 혹은 양해가 필요한 부분은 선생님께 말씀을 드리는 것이 좋습니다. 특혜를 주지는 않더라도 아이의 상황을 고려해 배려할 수는 있기 때문입니다.

keyword 6

돌봄교실·방과 후 학교

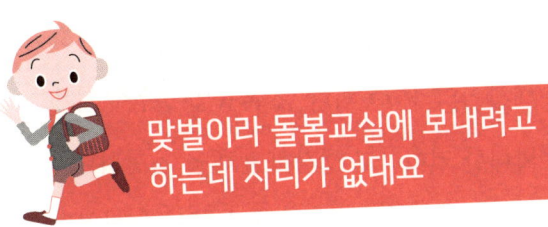

17 맞벌이라 돌봄교실에 보내려고 하는데 자리가 없대요

　돌봄교실은 정규수업 외의 시간 동안 아이들을 관리해주는 프로그램입니다. 돌보는 시간 동안 교육 프로그램도 운영하고 함께 과제를 도와주거나 예복습을 하는 프로그램도 함께 운영합니다. 전국에 6600여 곳의 교실이 운영 중이며 주로 초등 저학년(1~3학년) 학생을 대상으로 방과 후부터 부모 귀가 시까지 보육 및 교육 프로그램을 지원합니다.

　초등 돌봄교실은 정규 수업을 마친 방과 후부터 오후 다섯 시까지 운영됩니다. 최근에는 아침과 저녁 시간에도 아이들을 돌보아주는 '엄마 품 온종일 돌봄교실'이라는 프로그램도 있습니다. 엄마 품 온

종일 돌봄교실에서는 조식과 석식을 제공하는데 맞벌이 부부와 저소득층 가정의 초등학생이 대상입니다. 즉 엄마 품 온종일 돌봄교실은 기존 돌봄교실의 역할을 확대한 것이라고 생각하면 좋을 듯합니다.

이러한 프로그램은 지역과 학교의 여건에 따라서 학교에 설치된 학교운영위원회의 심의를 거쳐 조금씩은 다르게 운영되므로 상세한 운영 계획은 해당 학교에 문의하는 것이 가장 정확합니다. 따라서 맞벌이 등으로 인하여 돌봄교실에 아이를 보낼 계획이라면 입학 통지서를 받는 즉시 해당 학교에 선발 계획이나 선발 방법 등을 문의하여 필요한 준비를 미리 해두는 것이 좋습니다. 돌봄교실에 아이를 보내고 있는 선배 엄마들에게 미리 조언을 구하는 것도 좋습니다.

돌봄교실에 자리가 없어 들어갈 수 없다면 오후에 학교에서 운영하는 방과 후 교실을 활용하는 것도 한 방법입니다. 여러 가지로 상황이 여의치 않다면 아이가 다니던 어린이집이나 유치원에 비용을 조금 지불하고 잠시 아이를 맡기는 방법도 생각해볼 수 있습니다.

18. 방과 후 학교와 공부방 중 어디를 보내는 게 좋을까요?

방과 후 학교와 공부방 두 가지를 비교해보자면 가장 큰 차이가 바로 운영 주체와 장소를 꼽을 수 있습니다. 방과 후 학교는 학교 시설을 이용하여 학교 내에서 운영되고 학교 선생님이나 외부에서 들어온 강사가 진행합니다. 아무래도 프로그램을 운영하는 주체가 학교다 보니 체계적이고 믿고 보낼 수 있다는 장점이 있습니다. 또한 학교 교과 외에 다양한 프로그램을 비교적 저렴한 가격에 배울 수 있다는 것도 장점입니다.

그에 비해서 공부방은 개인이 운영하는 작은 학원이라고 생각하면 됩니다. 대부분 부모님께서 퇴근 후에 돌아오는 시간까지 아이들을 돌보아주는데요, 공부방 선생님이 숙제를 도와주거나 공부를 도와주기도 합니다. 아이들을 돌보면서 적절히 교육을 시키는 것입니다.

  방과 후 학교를 듣는 학생은 교실에서 수업을 마치고 바로 자신이 수강 신청한 교실로 이동하여 종료 시간까지 수업을 듣고 하교합니다. 그에 비해서 공부방에 다니는 학생은 정규 수업을 마치고 학교 밖으로 나와서 공부방까지 이동하여 활동을 합니다.

● 엄마의 퇴근 시간이 늦다면 공부방도 고려할 수 있다

  아이를 데리러 오는 시간이 늦다면 공부방을 선택하는 것이 좋습니다. 퇴근 시간까지 아이를 돌보아줄 수 있다는 장점(공부방마다 조금 다를 수 있음)이 있기 때문입니다. 아이가 공부방까지 이동하는 것이 조금 마음에 걸리지만 함께 이동할 친구가 있거나 공부방 선생님께서 마중을 나온다면 괜찮을 듯합니다.

  수업을 마치고 나서 혼자 하교해야 하는 방과 후 교실보다는 여러 가지로 안심이 되고 학교 과제 등을 부탁해놓으면 퇴근 후에 따로 가르치지 않고 확인만 해주면 되므로 퇴근 후 부담을 줄일 수 있습니다. 이처럼 아이를 보육·관리하는 차원에서 보내는 것은 상관없지만 학습에 초점을 두고 공부방을 선택하는 것은 바람직하지 않습니다. 초등학교 1학년 아이는 엄마가 꼼꼼하게 지도하는 것이 학습 습관을 들이는 데나 아이와 관계를 돈독히 하는 데도 좋기 때문입니다.

● 집이 가깝고 하교가 문제가 되지 않는다면 방과 후 학교를 선택하자

　엄마가 집에 있거나 아이가 방과 후 학교를 마치고 나서 하교하는데 문제가 없다면 방과 후 학교를 선택하는 것이 좋습니다. 실제로 상당수 학생들이 방과 후 학교에 참여하는데 이는 그만큼 학교에서 진행하는 방과 후 수업이 인기가 있다는 증거입니다.

　학교에 따라 조금씩 차이는 있지만 그동안 방과 후 수업이 진행되면서 강사의 질이 우수해지고 프로그램 운영이 효과적으로 이루어지면서 아이들에게 다양한 배울 거리를 제공하고 있습니다. 또한 정규 수업 후 버스를 타거나 멀리 이동하여 학원을 가야 하는 번거로움도 없습니다.

　또한 방과 후 수업은 학교 내에서 이루어지므로 대부분 학생들이 학교생활의 연장처럼 느낍니다. 다양한 배울 거리와 친한 친구들이 있는 방과 후 학교를 선택하는 것은 바람직합니다. 하지만 저학년은 교과 위주의 강좌를 선택하기보다는 다양한 체험이나 활동을 할 수 있는 프로그램을 선택하여 경험을 쌓는 것이 좋습니다. 저학년에 다양한 프로그램을 접하고 학년이 올라가면서 학습에 필요한 강좌를 선택하여 듣는 것이 바람직합니다.

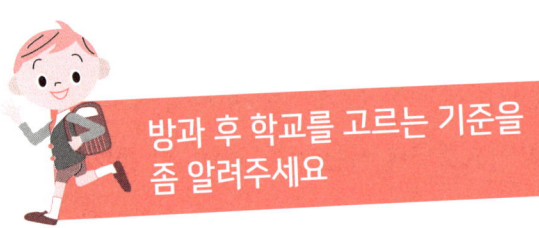

19 방과 후 학교를 고르는 기준을 좀 알려주세요

방과 후 학교는 적게는 10여 개에서 많게는 수십 개의 강좌가 개설됩니다. 때로는 프로그램이 너무 많아 어떤 강좌를 선택해야 할지 고민이 되기도 합니다.

● 인기 강좌를 선택하자

선배 엄마들에게 조언을 구하면 어떤 것이 인기 강좌인지 알 수 있습니다. 같은 피아노 수업이라도 재미있고 잘 가르쳐 인기가 많은 선생님이 있습니다. 수요일까지 접수라고 해서 수요일에 신청서를 내면 '대기 10번'이라는 말을 들을 수도 있습니다. 방과 후 학교가 어느 정도 자리를 잡은 학교라면 방과 후 학교 프로그램이 갑자기 바뀌는 일은 거의 없습니다. 그러므로 미리 선배 엄마의 조언을 듣고 희망 강좌를 정해두세요. 아이가 신청서를 가져올 때를 기다렸다가 바로 다음 날 제출하면 인기 강좌를 들을 수 있습니다.

● 아이의 선택을 존중하자

아무리 프로그램이 좋아도 실제 수업에 참여하는 것은 아이입니다. 가끔 아이와 관계된 선택을 할 때 아이의 의견을 무시하기도 하는데 그러면 아무리 좋은 프로그램도 재미없다고 할 수 있습니다. 아이의 희망과 의견을 들어보고 결정하는 과정을 거치도록 하세요. 먼저 아이의 의견을 들어보고 꼭 엄마가 듣게 하고 싶은 강좌가 있다면 하나는 아이가 희망하는 강좌를, 하나는 엄마가 추천하는 강좌를 신청하는 것도 좋습니다.

● 새로 생긴 프로그램에 도전하자

새로 생긴 프로그램은 기존 프로그램과 경쟁하기 위해 더 많은 수업 준비를 통해 내실을 기하고 선생님이 더욱 열의 있게 수업을 진행하는 경우가 많습니다. 학교에서도 여러 선생님들 중에서 되도록 우수한 방과 후 교사를 선발하기 위해 노력하므로 새로 도입한 프로그램에 과감히 도전해보는 것도 좋습니다.

선생님, 알려주세요

Q 방과 후 학교 선생님은 어떤 분인가요?

방과 후 학교는 학교 시설을 이용한 학원이라고 이해하면 됩니다. 해당 학교의 특기가 있는 선생님께서 수업을 진행하는 강좌도 있지만 외부에서 채용한 강사들이 진행하는 강좌도 있습니다. 방과 후 학교 선생님은 교장, 교감, 담당교사 등이 서류와 면접을 통해서 선발합니다. 학교에서는 대체로 분기당 1회 정도 학부모들을 초대하여 공개 수업을 실시하고 수업을 받는 시설과 출결 등을 관리합니다.

따라서 방과 후 학교 선생님들을 한 가지 기준으로 설명할 수는 없지만 미술, 음악, 논술, 과학, 체육, 컴퓨터 등에 특기가 있는 이들 중에서 선발한 선생님이라고 생각하면 됩니다.

Q 방학 때도 방과 후 수업을 운영하나요?

방과 후 학교는 방학 때도 정상적으로 운영합니다. 다만 방학 중에는 운영하는 시간이 달라집니다. 대부분 오전 9시 정도에 수업을 시작하여 오전에 운영하지만 오후 시간까지 운영하기도 합니다. 방학을 하기 전에 배부하는 방학 중 방과 후 운영계획표와 신청서를 참고하시면 됩니다.

여름방학 때는 운동 프로그램은 아침 일찍 수업을 하는 것을 선택하고 이후에는 실내에서 하는 활동을 선택하는 것이 좋습니다. 날이 뜨거울 때 실내 활동을 하는 것이 좋기 때문입니다. 축구와 컴퓨터를 신청한다면 첫째 시간에는 축구를 그리고 다음 시간에 컴퓨터를 수강하면 되겠지요. 방학 기간을 잘 활용하면 즐겁고 알차게 방과 후 수업을 받을 수 있습니다. 안내장이 나오면 아이와 머리를 맞대고 좋은 강좌를 선택해보시길 바랍니다.

Q 스카우트나 RCY 같은 모임도 방과 후 프로그램으로 운영되나요?

스카우트나 RCY 같은 단체들을 모두 묶어서 청소년 단체라는 이름으로 부릅니다. 두 단체 외에도 우주소년단, 해양소년단, 청소년연맹 등 여러 가지 단체가 있습니다. 학교에 따라서 여러 단체를 운영하는 곳도 있고 한 가지 단체만 운영하는 곳도 있습니다. 가장 대표적인 단체가 스카우트입니다. 요즘 초등학교에서는 '컵스카우트'라고 부르며 예전과 달리 남자, 여자 어린이의 구별 없이 가입하여 활동합니다.

이러한 단체 활동은 방과 후 수업 프로그램이 아닙니다. 정기적인 모임은 대부분 학교 일과 중에 진행하고 관련 행사는 방과 후나 주말을 활용해 각 단체의 성격에 맞게 진행합니다. 그리고 대부분 4학년 이상 학생을 대상으로 모집이 이루어지고 있습니다.

Q 토요스포츠교실이 있다고 들었습니다. 방과 후 수업과는 다른 것인가요?

몇 년 전 주 5일 수업이 시작되면서 '토요일에 학교에 가지 않는 아이들을 어떻게 할 것인가?'라는 문제가 대두되었습니다. 당시 '아이들이 결국은 학원으로 가게 될 것이다'라는 주장이 많았는데요, 그러면 결국 아이들만 더욱 힘들어지고 주 5일 수업의 취지가 무색해질 것이라는 이야기가 많았습니다. 그리고 학교에서는 토요일에 아이들이 교과 공부만을 하기보다는 다양한 체육 활동이나 특기를 기르는 활동을 하기를 원했습니다. 그리하여 탄생한 것이 토요스포츠교실입니다.

 토요스포츠교실은 학교별로 다양한 스포츠교실을 운영하고 이러한 스포츠교실 간의 정기 리그전 같은 대회가 열리면서 활성화되었습니다. 방과 후 교실과 큰 차이는 없지만 토요스포츠교실은 이름처럼 토요일에 열리는 스포츠 프로그램이라고 생각하면 됩니다. 학교별로 지원되는 예산에 따라 저렴한 비용으로 신청하여 활동할 수 있습니다.

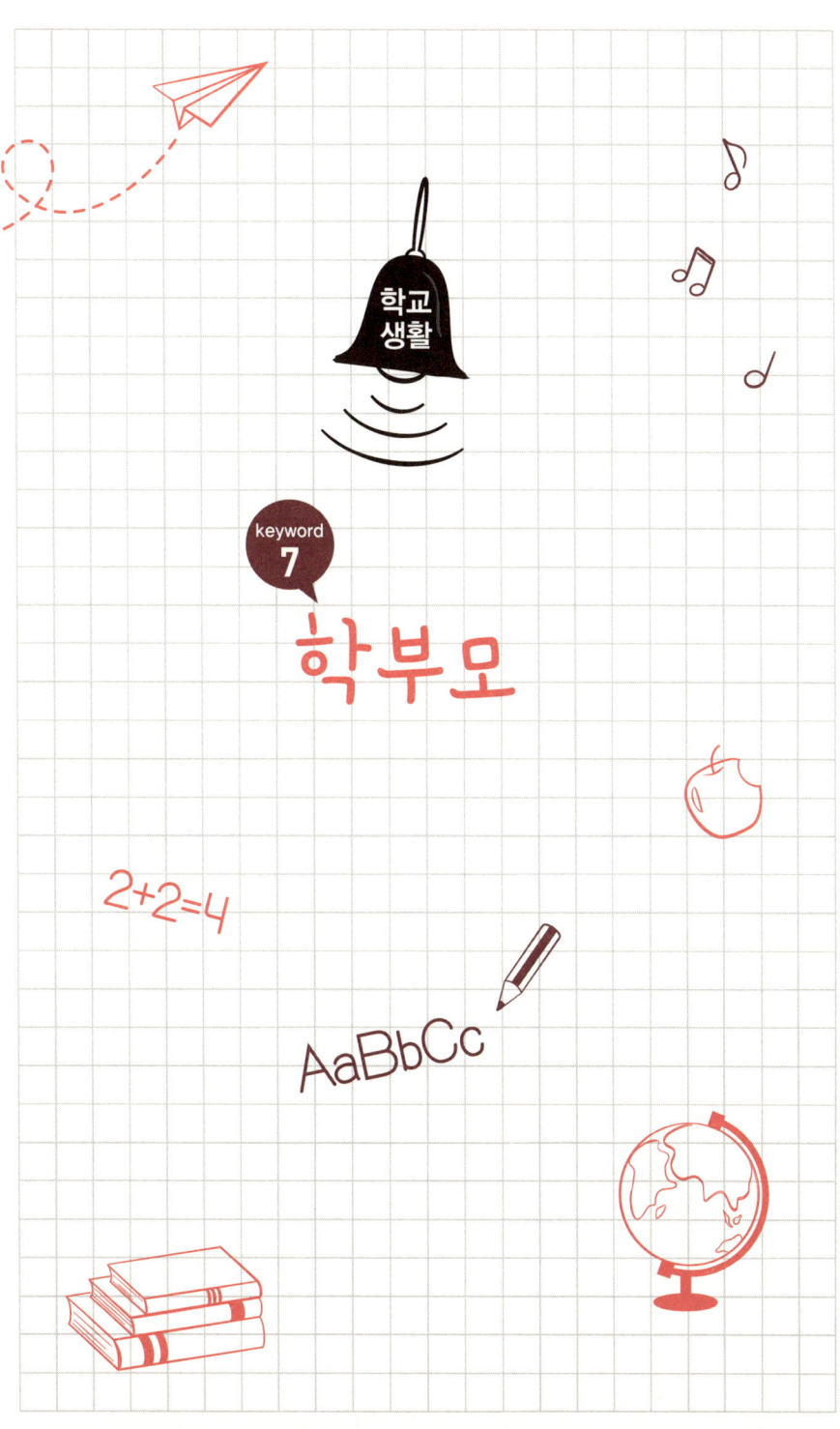

학교생활

keyword 7

학부모

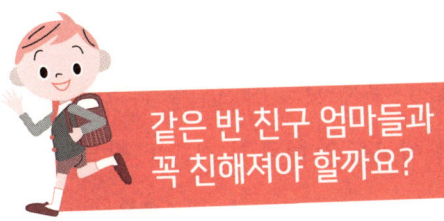

20. 같은 반 친구 엄마들과 꼭 친해져야 할까요?

1학년 담임을 하다 보면 엄마들끼리 친해서 함께 다니는 분들도 있지만 그렇지 않은 분들도 많습니다. 같은 반 엄마들과 친하게 지내는 것이 나쁜 것은 아니지만 꼭 친하게 지내기 위해서 무리할 필요는 없습니다. 어떤 의도를 가지고 억지로 친하게 지내는 것은 서로 불편할 뿐입니다.

하지만 일부러 고립되어 지낼 필요도 없습니다. 같은 반 친구의 엄마 한두 명과 알고 지내면 좋은 점이 많습니다. 갑자기 궁금한 일이 생겼을 때 물어볼 수도 있고 서로 교육 정보나 학교생활에 대해 도움을 주고받을 수 있기 때문입니다.

아이의 친구가 집으로 놀러 오거나 아이가 친구 집에 놀러 갔을 때 연락해서 안부를 묻고 이야기를 나누는 것도 자연스럽게 친해지는 방법입니다. 아무래도 같은 반 엄마들은 마주칠 기회도 많으니 자연스럽게 인사를 나누고 가볍게 차를 한잔 마시면서 친분을 쌓는 것도 좋습니다.

성격이 내성적이어서 다른 엄마들과 사귀기 힘든 경우에는 학급의 대표 엄마에게 전화를 걸어 도움을 구하는 것이 좋습니다. 학급 대표를 맡은 어머님들은 대부분 성격이 밝고 적극적인 분들이라서 궁금하거나 도움이 필요한 부분을 편안하게 잘 들어주실 겁니다.

특히 요즘에는 아이 혼자서 집 밖으로 나가서 놀기보다는 엄마의 보호 아래 놀이터나 집에서 어울려 노는 경우가 많은데, 아무래도 엄마들끼리 친한 아이들이 같이 어울릴 기회가 많습니다. 아이의 교우 관계에 도움이 되고 엄마들끼리 서로 도움을 주고받을 수 있다는 점을 생각했을 때 부담 없이 연락을 주고받을 수 있는 같은 반 엄마 한두 명은 있는 것이 좋습니다.

21 학부모 단체에서는 어떤 일들을 하나요?

학교에는 학교운영위원회, 녹색어머니회, 어머니회, 학부모회, 아버지회, 급식 도우미 등 다양한 모임과 단체가 있습니다. 대개 이런 명칭으로 불리지만 학교마다 조금씩 다르기도 합니다. '혹시 가입하지 않으면 우리 아이에게 불이익이 생기지는 않을까?' 하는 마음에 고민이 된다는 어머님들도 계신데요, 학교운영위원회는 법으로 정한 기구이며 나머지 단체들은 대부분 학부모 스스로 만든 봉사 단체라고 생각하면 됩니다.

그러면 학교에 어떤 단체들이 있는지 알아봅시다.

● 학교운영위원회

초중등교육법에 따라 학교별로 학교운영위원회를 설치, 운영하고 있습니다. 흔히 줄여서 '학운위'라고 이야기하는데요, 학교 운영 전반에 대하여 심의하고 자문하는 역할을 합니다. 예를 들어 수학여행 업체를 선정하거나 중요한 결정을 할 때 학교장 단독이 아닌 학운위 회의를 통해서 결정합니다.

학운위 위원은 선거를 통하여 선발되며 모든 학부모는 자신의 아이가 다니는 학교에 학교운영위원으로 지원할 자격이 있습니다. 학교운영위원회는 지역위원, 학교위원, 교사위원으로 구성되며, 안건이나 회의 결과는 홈페이지를 통해 모두 공개됩니다. 학운위는 학교에 있는 공식적·법적 기구입니다. 학교에 의견을 내고 싶다면 학교운영위원에게 건의하면 됩니다. 그러면 그 건의가 안건이 되어 회의 때 다루어집니다.

학교운영위원회에서 주로 다루는 내용들
- 학칙의 제정 및 개정
- 학교의 예산과 결산
- 학교 교육과정 운영
- 교육 활동 및 수련 활동
- 학교 급식
- 학교 운영에 대한 건의 사항

– 학교 운동부 구성 및 운영

● 어머니회(학부모회)

학교마다 형태가 조금은 다르지만 학급어머니회, 학년어머니회, 전체어머니회 등으로 구성됩니다. 모임이 따로따로 있는 것이 아니고 모이는 규모에 따라 명칭이 달라진다고 생각하면 됩니다.

학급어머니회는 주로 학급에서 일어나는 행사나 일을 할 때 필요한 도움을 주시고 학년어머니회는 학년 단위의 운동회나 발표회 같은 일이 있을 때 도움을 주는 모임입니다. 바자회를 열기도 하고 자체적으로 꽃꽂이나 서예 같은 강연회를 열기도 합니다.

이때 회비를 걷어 학교를 위해서 사용하는 것은 불법입니다. 자체적으로 걷는 회비이므로 내야 할 의무도 없으며 담임선생님 또한 알 수도 없는 일이기에 혹시 아이에게 불이익이 생기지 않을까 하는 마음에 억지로 회비를 낼 필요는 없습니다.

● 녹색어머니회

여러 단체 중에서 가장 눈에 많이 띄는 단체입니다. 아침 등굣길에 횡단보도나 건널목에서 녹색 옷을 차려입고 길을 안전하게 건너도록 도와주는 엄마들을 보신 적이 있을 겁니다. 바로 이분들이 녹색어머니회 어머님들입니다. 전교생 학부모를 대상으로 모집하기도 하지만 1~2학년 엄마들만 모집하는 학교도 있습니다. 대부분 한 학기에 한 번씩 약 20~30분 정도 아이들의 등교 시간에 맞추어 봉사 활동을 합니다. 어린이 교통사고가 대부분 등하교 시간대에 벌어진 다는 통계를 볼 때 상당히 의미 있는 봉사활동입니다. 대부분 1년에 1~2회 정도 봉사에 참여하므로 워킹맘이더라도 출근을 30분 정도 늦추고 아이들을 위해 봉사하는 것도 좋습니다.

● **학교급식소위원회**

학교운영위원회 소속으로 아침에 배달되는 급식 재료를 검수합니다. 재료의 상태와 질을 점검하고 주문 내역에 맞는 재료가 도착했는지 확인합니다. 그뿐만이 아니라 급식을 만드는 조리 과정을 모니터링하고 직접 배식에도 참여할 수 있습니다. 시장조사 및 업체를 선정하는 과정에서도 의견을 제시합니다. 급식에 관한 전반적인 의견 제시 및 모니터링을 한다고 생각하면 됩니다.

● **도서관 사서 도우미**

학교도서관 중에는 전문 사서가 배치되지 않은 곳이 많습니다. 도서관 사서 도우미는 엄마들이 도서관에서 사서 역할을 하는 모임입니다. 도서 정리부터 시작해 신간 도서 정리, 도서 대출, 그 밖에 정리 정돈이나 독서 관련 행사가 있을 때 봉사활동을 주로 하는 모임입니다.

● 명예교사

예절 교육을 하거나 그 밖에 학부모들이 가진 다양한 재능을 활용하여 학생들을 지도하는 봉사단체로, 모든 학교에 있는 단체는 아닙니다.

어떤 단체든 강제성은 없으므로 '가입하지 않으면 아이가 피해를 보지는 않을까' 하는 마음에 억지로 참여할 필요는 없습니다. 하지만 학교나 지역 사정에 따라서는 학부모의 도움이 필요한 부분도 있습니다. 가능하다면 부담 없이 참여할 수 있는 단체에 참여하여 활동하는 것도 나쁘지 않습니다. 이런 단체에 가입하면 아무래도 서로 교류할 기회가 많아지고 학교에서 일어나는 교육 활동에 직접 참여할 기회가 생기므로 관심이 있는 학부모는 활동에 참여해도 좋을 것 같습니다.

22. 직장에 다니는데 학부모 총회에 꼭 참여해야 할까요?

아이가 입학을 한 후 오래지 않아 '학부모 총회'와 관련한 안내문을 받게 됩니다. 그날은 공개수업도 한다고 하는데 꼭 가야 할지 고민하시는 부모님이 많은데요. 최근에는 거의 모든 학부모가 총회에 참석합니다.

또한 대부분 학교에서 같은 날에 공개수업을 진행합니다. 대부분 공개수업을 먼저 실시한 후 이어서 학부모 총회를 실시합니다. 공개수업 이후에 학교 강당에 모여 총회를 하거나 교실에서 방송을 통해 총회를 진행합니다. 총회에서는 아이가 입학한 학년도에 진행할 학교의 교육 프로그램과 선생님을 소개합니다. 그 밖에도 학사 일정이나 학교특색프로그램 등도 안내합니다. 그리고 학교운영위원을 선출하기 위한 투표를 진행하기도 합니다.

　총회를 통해 교장선생님을 소개하고 나서 담임선생님과 만나는 시간을 가지게 되는데요, 이때 선생님께서 학부모님께 드리고 싶은 이야기나 자신의 교육관 등을 소개합니다. 이날 엄마들이 모인 자리에서 반 대표나 학부모회 같은 단체 가입 신청을 받거나 새롭게 조직하는 녹색어머니회 같은 모임을 가지기도 합니다.

　이렇게 자연스럽게 모인 자리에서 엄마들끼리 서로 연락처를 나누기도 하면서 자연스럽게 인사를 나누게 됩니다. 평소에 얼굴은 알지만 이야기를 나누어본 적 없는 엄마들끼리 자연스럽게 대화를 나누는 좋은 기회가 됩니다. 특히 이때 궁금한 점을 직접 선생님께 질문하고 답변을 들을 수 있으므로 궁금한 점이 있다면 부담 없이 선생님께 여쭈어보아도 좋습니다. 이렇게 여러모로 이점이 있으니 아이를 위해 하루 휴가를 내거나 조퇴를 해서라도 학부모 총회에 한번 참여해보기를 권합니다.

Q&A 선생님, 알려주세요

Q 학부모 단체에 가입하면 꼭 회비를 내야만 하는 건가요?

학부모 단체에서 공식적으로 회원들에게 회비를 걷는 것은 명백하게 불법입니다. 하지만 회원들이 모여서 회의도 하고 차를 마시거나 하는 경우에는 한 분이 비용을 지불할 때도 있지만 약간의 회비를 걷을 때도 있습니다.

그러나 학교를 위해서 어떤 것을 한다는 명목으로 회비를 요구하는 것은 불법이므로, 이런 회비는 낼 필요가 없습니다. 최근에는 학교에서 학부모님들이 회의를 할 때 마시는 차를 준비해주는 학교도 늘어나고 있습니다.

Q 직장에 다니느라 시간을 내기 힘든데, 어머니회에 가입해도 괜찮을까요?

학부모 단체의 모임은 아무래도 아이를 학교에 보낸 후 일과 중에 이루어지는 경우가 많습니다. 처음에는 의욕을 가지고 가입했지만 모임에 자주 빠지다 보니 어쩌다가 참석하기도 어색해하는 어머님을 많이 보았습니다. 반면에 일과 중에 있는 모임에 매번 참석은 못하지만 잠시 휴가를 내어 모임에 참석하거나 퇴근 후에 적극적으로 활동에 참여하는 어머님도 계셨습니다.

불가능한 것은 아니지만 직장을 다니면서 활동하려면 마음을 굳게 먹고 참여하셔야 할 것 같습니다. 직장에 다니더라도 친한 어머님들을 통해 정보를 공유하고 활동이 가능한 시간에 적극적으로 참여한다면 충분히 가능하리라 생각합니다.

1학년은 공부하는 시간을 늘리는 것보다는 공부하는 습관을 형성하는 것이 더욱 중요한 시기라는 것을 명심하세요. 공부하는 습관을 들이지 못하면 공부 시간을 늘린다 해도 그다지 의미가 없습니다. 공부하는 습관을 갖추게 하려면 일정 시간 끈기를 가지고 공부할 수 있도록 해야 하고 학습 계획이 필요합니다.

2부

학습, 관심을 쏟는 만큼 늘어요

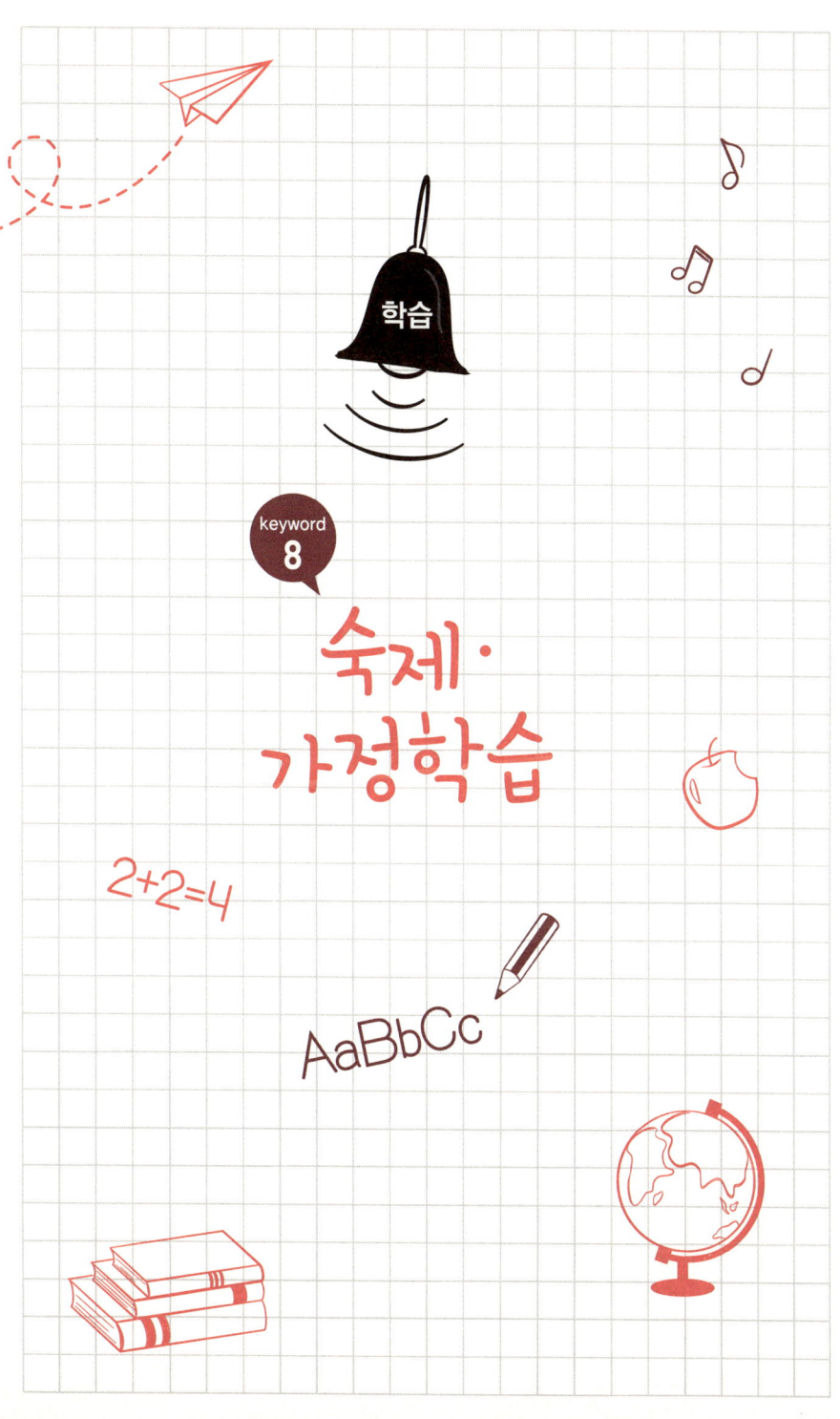

23. 숙제를 할 때 얼마나 도와줘야 하나요?

'숙제'라는 이야기를 들으면 부모님들은 어떠신가요? 아마도 대부분은 즐겁고 신 나는 기분보다는 왠지 마음이 무거워지는 기분이 들 것입니다.

5월 어느 날 가까운 친구의 아내에게 전화가 왔습니다. "유치원을 보낼 때는 몰랐는데 아이의 숙제를 챙겨주다 보니 너무 힘이 들어 선생님을 원망하는 마음도 생긴다"는 것이었습니다. 때로는 아이가 하기에는 도무지 불가능한 숙제들이 있어 전부 엄마의 숙제가 되어버리곤 하는데 "1학년 아이를 키우는 것이 왜 이렇게 힘든지 모르겠다"며 교사인 저에게 상담을 청해왔습니다.

우선 어떤 과제인지 물어보니 여러 가지가 있었는데 그중 한 가지는 받아쓰기 틀린 문제를 다섯 번씩 적어 오는 숙제였습니다. 아직 한글을 다 익히지 못한 영수는 매번 틀리는 문제가 많아 틀린 문제를 다섯 번씩 쓰는 것을 어려워하고, 그러다 보니 억지로 시키는 엄마도 속이 터지고 힘들다고 하소연했습니다. 다른 한 가지는 재활용 페트병을 잘라서 눈을 만들어 붙이는 숙제인데, "페트병을 자르는 건 아이 혼자서 할 수 없는 일인데 이런 걸 숙제로 내주면 어떡하느냐"는 불만을 털어놓았습니다.

실제로 1학년 아이들의 숙제가 고스란히 엄마의 숙제가 되어 유치원 때와 달리 학교 보내는 것이 너무 힘들다는 이야기를 여기저기서 많이 들을 수 있습니다.

저는 학부모들에게 과제 지도와 관련된 질문을 받을 때마다 '자전거 타는 법 가르치기'를 예로 들어 과제를 지도하는 기본 원칙을 설명하곤 합니다. 우리가 아이들에게 자전거 타는 법을 가르쳐줄 때는 우선 자전거를 손으로 잡아주면서 중심 잡기를 지도하고, 중심을 잡고 난 후에는 페달을 돌리게 하고, 페달을 돌리게 된 다음에는 핸들을 좌우로 움직이도록 지도합니다. 그리고 이 모든 것이 가능해진 다음에는 아이가 스스로 자전거를 타게 됩니다. 중심도 잡지 못하는 아이에게 무조건 페달을 돌리라고 하면 자전거는 금세 기울어질 것입니다. 반대로 아이가 자전거의 중심을 잡으려고 할 때 넘어질까 두려워 계속 붙잡아주기만 하면 아이가 중심 잡기를 배우는 시간이 길어집니다.

　1학년 때 주어지는 과제는 그 수준이 높지는 않지만 아이가 스스로 과제를 하고 익히는 기본 연습을 하는 과정입니다. 자전거 타기에 비유하면 중심 잡기를 배우는 과정이라 할 수 있습니다. 아이에게 자전거만 던져주고 "열심히 노력해봐"라고 말한다면 아이는 자전거를 배우기는커녕 무거운 자전거를 일으켜 세우지도 못하고 도움 없이는 아무것도 못하는 천덕꾸러기가 되어버리고 맙니다. 그러므로 자전거를 잡아주듯이 어느 정도 도움을 줄 필요가 있습니다. 1학년 아이가 숙제를 할 때 어느 정도나 도움을 줘야 할지 기준을 정하기 힘들다면 일단 다음과 같은 기본 원칙을 지켜주세요.

● 함께하기

　숙제가 있으면 부모님이 곁에서 함께 해주어야 합니다. 여기서 '함께 한다'는 것은 아이가 해야 할 일을 대신 해주라는 의미가 아닙니다. 책상에 바르게 앉게 하고, 해야 할 숙제가 무엇인지 확인하게 하고, 연필이나 필요한 학용품을 준비해서 숙제를 할 수 있는 환경을 만들어주고 방법을 가르쳐주라는 뜻입니다. 풀어야 할 문제가 10개라면 첫 문제는 함께 읽고 방법을 설명해주어야 합니다.

　대부분 가정에서 '열심히 하라'고, '끈기가 있어야 한다'고, '노력하라'고 강조하면서 정작 '어떻게' 해야 하는지는 알려주지 않는 경우가 많습니다. 글씨를 쓸 때도 아이의 손을 잡고 함께 적어보고 차근차근 함께 하면서 '어떻게' 하는지 알려주는 것이 중요합니다. 아이가 가위질을 하는 모습을 지켜보다가 잘하지 못하면 얼른 빼앗아 대신 해주는 것은 아이가 잘할 수 있도록 연습할 기회를 빼앗는 일입니다.

초보 선생님과 경력이 많은 선생님도 바로 이렇게 학습을 안내하는 요령에서 많은 차이가 납니다. 많은 경험으로 아이들이 무엇을 어려워하는지, 어떤 부분에서 실수를 많이 하는지 파악한 선생님은 그런 부분에 대한 안내를 잘해주시지요. 엄마도 아이와 함께 하기를 통하여 아이가 어려워하거나 힘들어하는 부분을 알고 그런 부분이 있을 때는 아이가 더욱 잘할 수 있도록 도전할 기회를 줄 필요가 있습니다.

● 조력자 되기

1학년 담임을 하다 보면 때로는 한 시간 내내 아이들의 색종이 접기를 대신 해주거나 야쿠르트 병만 자르다가 활동을 제대로 못할 때도 있습니다. 사실 아이들이 배우는 교과서 내용 중에는 아이들이 스스로 준비하고 해내기에는 어려운 부분들이 있습니다.

저도 처음에 1학년을 맡았을 때 상자를 이용해 마을을 꾸미는 활동을 하는데 상자 디자인이 여러 가지다 보니 한 시간을 꼬박해도 아이들이 가져온 상자에 색종이를 씌우는 일도 다 하지 못했습니다. 당일 계획한 꾸미기 활동은 시작도 못하고 상자에 색종이를 붙이는 활동만 했지만 그것도 시간 내에 다 하지 못한 거지요.

선생님들은 이렇게 수업 시간에 해야 할 활동을 끝마치지 못하면 나머지 작업을 과제로 내주곤 합니다. 이런 숙제를 내주면 '학교에서 선생님은 뭘 하는 거야?'라고 불만을 토로하는 분들도 있지만 1, 2학년을 맡은 선생님은 아이들과 간단한 일을 할 때도 손이 많이 갑니다.

이런 숙제는 내일 아이가 수업 시간에 원활하게 활동하기 위한 준비라고 생각하고 아이와 함께 준비하면 마음도 편하고 아이에게도 도움이 될 거예요. 1학년 아이를 위해서는 담임선생님도 필요하지만 엄마도 필요한 것이지요. 초등학교에 입학은 했지만 1학년은 아직 여러모로 미숙하므로 아이의 올바른 성장을 위한 조력자가 되어 주세요.

● 확인하기

숙제를 하고도 집에 두고 와서 억울함을 호소하는 친구들이 꼭 있습니다. 때로는 자기 물건을 스스로 잘 챙기라는 의미에서 선생님께 꾸지람을 듣기도 합니다. 이럴 때 아이가 과제물을 챙겨주지 않은 엄마를 원망하거나 엄마가 챙겨주지 못한 것을 많이 미안해하기도 합니다.

자기 물건을 챙기는 습관을 들이지 않으면 학년이 올라가서도 계속해서 엄마가 챙겨주어야 하는 상황이 빈번하게 일어납니다. 실제로 아이가 잠들고 나면 늘 가방을 열어 확인하고 챙겨주는 엄마들도 있습니다.

잠들기 전 가방을 챙기는 시간을 함께 가지도록 하세요. 그리고 가방이나 보조 가방에 준비물이나 과제를 챙길 때 반드시 아이가 스스로 챙기도록 해주세요. 처음에는 함께 하고 도와주다가 나중에는 아이에게 스스로 챙기도록 하고 다 되면 바로 검사를 받도록 지도합니다. 그리고 빠진 것이 있으면 아이가 챙기도록 해주세요. 잘되지 않을 때는 포스트잇을 활용하여 간단히 체크리스트를 만들어서 아이에게 주면 도움이 됩니다.

아이가 준비물을 잘 챙기지 못한다고 해서 엄마가 대신 챙기는 일은 금물이라는 것을 잊지 마세요.

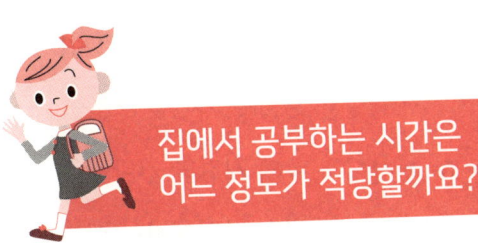

24 집에서 공부하는 시간은 어느 정도가 적당할까요?

　엄마라면 아이에게 공부나 숙제를 시키다 '욱'하는 기분을 느껴본 경험이 한두 번쯤은 있을 겁니다. 다른 엄마들과 이야기를 나누다 보면 '나만 그런 것이 아니구나' 하고 위안이 되기도 하지만 사실 엄마의 마음은 무겁고 걱정스럽기만 합니다.

　가정에서 자녀에게 학습을 시키는 것은 결코 쉬운 일이 아닙니다. 먹고 싶은 아이스크림은 감기로 기침을 하면서도 먹으려 하지만 문제집 한 장을 풀라고 하면 어떤 때는 5분이면 풀어버리던 것을 30분씩 붙들고도 진도가 나가지 않을 때가 많습니다. 방송이나 책에서 보면 '동기유발'이 중요하다고 이야기하고 학습 동기를 유발해주면 아이가 스스로 알아서 잘한다고 이야기하지만 동기유발이 결코 쉬운 일은 아니지요.

사실 학교에서도 공부가 너무 하고 싶어서 수업 시간만 기다리고 공부에만 집중하는 학생이 얼마나 될까요? 더구나 가정에서는 걸핏하면 엄마의 잔소리가 날아오고 야단을 맞는데 기분 좋게 공부가 될 리 없습니다.

따라서 우리가 취해야 할 방법은 공부하는 습관을 길러주는 것입니다. 공부하는 습관을 갖추게 하려면 일정 시간 끈기를 가지고 공부할 수 있도록 해야 하고 학습 계획이 필요합니다. 끈기를 가지고 계획대로 실천하다 보면 자신도 모르게 습관이 형성됩니다.

아이에게 학습 지도를 할 때는 특히 다음 세 가지를 염두에 두어야 합니다.

1 | 1학년 아이들의 집중력은 어른들과 다르다

제가 1학년 수업을 하다 보면 아이들이 집중하고 함께 활동하는 시간은 20분 정도입니다. 40분 수업 중 나머지 20분은 그 20분을 집중하기 위해서 쓰입니다. 개인차가 있기는 하지만 아이들이 좋아하는 동영상을 볼 때도 10분 정도가 지나면 슬슬 딴짓을 하는 아이들이 나타납니다. 이렇게 아이들은 어른들과는 달리 집중할 수 있는 시간이 짧고, 같은 또래일지라 하더라도 아이들마다 개인차가 있습니다. 그러니 너무 조급해하지 말고 이러한 사정을 인정하고 조금씩 발전시켜준다는 마음으로 지도하는 것이 좋습니다.

2 | 눈높이를 맞춘다

1학년 때 배우는 수학은 숫자 읽기나 받아올림이 없는 계산 문제이고, 국어는 받아쓰기나 글을 읽고 이야기하는 정도의 수준이다 보니 어른들의 눈에는 그저 쉽게만 보입니다. 그렇다 보니 아이의 작은 실수에도 답답해하고 다그치는 일이 생기고, 그럴수록 아이는 주눅이 들어 자신감을 잃습니다. 어른이 생각하기에는 5분이면 할 것 같은 학습지 한 장도 아이들에게는 긴 시간이 걸릴 수 있는 어려운 과제일 수 있다는 것을 알아주세요.

3 | 아이가 무엇을 할 때 집중하는지 확인한다

집중력이 없다며 고민을 하는 부모들은 아이를 유심히 관찰할 필요가 있습니다. 책을 볼 때 집중을 하는지 아니면 만들기를 할 때 집중하는지 아이의 모습을 보면서 관찰할 필요가 있습니다. 어떠한 한 가지에 집중할 수 있다면 공부하는 습관만 잡히면 집중해서 공부할 수 있습니다. 하지만 어느 활동에도 집중하지 못한다면 좀 더 세밀한 관찰이 필요합니다. 최근 1학년 학급을 들여다보면 ADHD (주의력결핍 과잉행동장애)로 의심되는 학생들이 여러 가지로 어려움을 겪는 모습을 쉽게 볼 수 있습니다. 혹시 주의력결핍이 의심되면 전문가의 조언을 받아보는 것이 좋습니다.

그렇다면 공부 시간은 얼마가 적당한 걸까요? 초등학교의 수업 시간은 40분입니다. 초등학생 수준에서는 40분 정도가 적당하다고 학자들이 판단한 것이지요. 하지만 실제로 저학년 학생들은 40분도 버거워하는 경우가 많습니다. 따라서 한번 학습에 집중하는 시간은 30분 이내로 정하고, 이렇게 30분 단위의 공부 시간을 아이의 특성에 맞추어 짜주는 것이 좋습니다. 이렇게 30분 이내의 공부를 하루에 1시간에서 1시간 30분 정도 꾸준히 하면 공부 습관을 기르는 데 도움이 됩니다. 어느 정도 습관이 형성되면 시간을 조금씩 늘리도록 지도하는 것이 좋습니다. 다음 사항은 공부 습관을 기르는 데 많은 도움이 되니 꼭 실천해주세요.

1 | 시간 정하고 실천하기

매일 독서를 하는 시간이나 학교 과제를 하는 시간 등 일정한 시간을 정해서 학습에 관련된 활동을 규칙적으로 할 수 있도록 해주세요.

2 | 공부는 책상에 앉아서

공부는 책상에 앉아서 해야 합니다. 따라서 숙제나 책을 볼 때도 되도록 책상에서 하도록 지도하는 것이 좋습니다. 엎드려서 책을 보거나 숙제를 하던 아이를 나중에 책상에 앉히는 것은 보통 어려운 일이 아닙니다. 책상에서는 공부를 하거나 책만 읽는 습관을 들이도록 해주세요. 간식을 먹거나 게임을 하는 것 같은 행동은 책상에서 하지 않도록 지도하세요.

3 | 공부하기 전에 주변 정리하기

작은 장난감이나 볼거리에도 아이들은 쉽게 시선이 갑니다. 특히 힘들고 어려운 과제를 할 때는 더욱 그렇지요. 책상 위에 불필요한 물건들은 치워주세요. 문제집을 푼다면 문제집과 연필, 지우개만 있으면 됩니다. 그 밖에 모든 것은 집중력을 떨어트리는 물건입니다. 휴대폰, PC, 게임기, 장난감 등은 책상 위에 두지 않도록 하세요.

4 | 가족 독서 시간 만들기

"아이들은 들으면서 배우는 것이 아니라 보면서 배운다"는 말이 있습니다. 드라마나 컴퓨터게임을 하는 부모님 옆에서 같이 드라마를 들여다보거나 게임 화면에 푹 빠진 아이의 모습은 저절로 상상이 됩니다. 잠들기 전 아이와 씻고 난 후에 차분하게 책을 읽는 시간을 가져보세요. 아이도 처음에는 힘들어하겠지만 차츰 적응이 됩니다. 이렇게 앉아서 책을 읽는 습관이 학습 습관의 기본이 된다는 것을 잊지 마세요.

1학년은 공부하는 시간을 늘리는 것보다는 공부하는 습관을 형성하는 것이 더욱 중요한 시기라는 것을 명심하세요. 공부하는 습관을 들이지 못하면 공부 시간을 늘린다 해도 그다지 의미가 없습니다. 저 역시 학교에서 아이들을 지도하거나 집에서 아이를 지도할 때 가장 힘든 것이 바로 책상에 앉아 차분히 공부하는 태도를 만들어주는 것이었습니다.

25. 학습지를 꼭 시켜야 할까요?

아파트 단지나 동네 입구에서 학습지를 홍보하는 모습은 전혀 낯선 풍경이 아닙니다. 유아였던 아이가 어느 정도 자라면 여기저기서 날아오는 학습지의 유혹을 떨쳐버리기 어렵습니다. 이름만 대면 누구나 아는 학습지 업체들이 무수히 많은 것을 생각해보면 많은 부모님들이 자녀에게 학습지를 시키고 있고 또 그만큼 필요한 것이라는 생각이 듭니다. 학습지와 관련된 몇 가지 경험을 이야기해드리겠습니다.

● 학습지로 성공한 지연이

엄마가 어려서부터 학습지 교사를 한 덕분에 지연이는 여섯 살 때부터 한글과 수학 학습지를 시작했습니다. 6학년이 되어서는 학습지만 네 가지를 했습니다. 성적도 상위권이어서 지연이 어머님은 학습지의 효과라고 믿고 있습니다. 지연이는 필요한 학습지만 하고 이제는 필요 없는 학습지는 그만둘 계획을 하고 있습니다. 학교에서 보아도 지연이는 쉬는 시간을 활용해 요일별로 해야 할 학습지를 잘 소화해내고 있었습니다.

● 학습지가 쌓여만 가는 남경이

남경이는 전반적으로 성적이 좋지 못합니다. 남경이도 학습지를 세 가지나 하고 있는데 담임선생님이 보기에 안타까운 점이 있습니다. 국어와 수학의 기초가 부족한데 기초를 다지는 공부는 하지 않고 교과 진도에 맞는 학습지를 하다 보니 기초가 없어 학습지를 푸는 데도 오랜 시간이 걸리고 점수도 좋지 못합니다. 어떤 날은 점심시간에 친구들과 어울려 놀지도 못하고 밀린 학습지를 쌓아두고는 한숨을 내쉬며 문제를 푸는데 지켜보는 담임으로서도 안타까운 마음이 듭니다.

● 학습지가 해보고 싶다는 보국이

보국이는 한 번도 학습지를 해본 적이 없습니다. 학교 성적은 상위권입니다. 친구들이 학습지를 푸는 것을 보면 가서 도와주기도 하고 대신 한 문제씩 풀어주기도 합니다. 보국이는 "나도 이런 거 하고 싶다"고 이야기하곤 합니다.

● 학습지를 스스로 거부하는 예은이

예은이는 전 과목 성적이 고르게 우수합니다. 국어, 수학, 과학 같은 교과는 물론 미술도 잘하고 체육도 무척 좋아합니다. 예은이는 입학 전 한자 학습지를 하다가 그만두고 이후에는 별도로 학습지를 하지 않았습니다. 학습지 하나 정도 해보라는 부모님의 권유에도 학습지는 절대 안 한다고 거절했습니다. 성적이 좋다 보니 부모님도 필요하다는 생각이 들 때 한두 마디 던져보지만 강요는 하지 않고 있습니다.

위에서 제시한 몇몇 아이들의 사례를 살펴보면 학습지를 하고 안 하고는 실제로 학교 공부와는 크게 상관관계가 없어 보입니다. 공부를 잘하게 하기 위해서 학습지를 시키기보다는 남들이 다들 하니까 그냥 따라 하거나 해야 할 것 같은 생각이 들어서 시키는 경우가 많습니다. 하지만 학습지를 하는 것이 나쁜 것만은 아닙니다. 몇 가지 조언을 듣고 결정하시면 됩니다.

1 | 왜 학습지를 하려고 하는가?

필요에 따라 학습지를 선택하는 것은 바람직합니다. 아이에게 한자나 연산을 가르치기 위해서 계획을 세워 시작하는 것은 문제가 없습니다. 그러나 아이에게 필요한 것이 무엇인지 알아보지도 않고 그저 주변 엄마들의 이야기를 듣거나 유행에 따라 시키는 것은 어디로 가는 버스인지도 모르고 아무 버스나 올라타는 것과 다를 바가 없습니다.

2 | 목표를 정하고 시작하자

학습지는 목표를 정하고 시작하는 것이 좋습니다. 예컨대 한자 학습지를 시작한다면 '적어도 7급 정도 실력이 될 때까지 하겠다'는 목표를 정해서 시작하는 것이 좋습니다. 학습지를 하다 보면 어느새 지겨운 숙제로 변해버리는 경우가 많습니다. 목표가 없다면 그때마다 포기해버리게 됩니다.

그러나 어느 정도 수준에 도달할 때까지 학습지를 하겠다는 목표를 정하고 시작하면 중도에 포기하는 일이 줄어듭니다. 다만 너무 거창하고 장기적인 목표를 잡는 것보다는 성취욕을 느낄 수 있도록 달성하기 쉬운 단기 목표를 잡는 것이 좋습니다.

3 | 학습지의 효과는 엄마의 관심에 달려 있다

아이가 학습지를 통해서 지식을 배운다고 생각하기보다는 공부하는 습관을 들인다고 생각하는 것이 좋습니다. 일정한 양의 학습을 꾸준히 하도록 도와주는 학습지는 공부하는 습관을 들이는 데 아주 유용한 도구입니다. 그러나 스스로 해낼 때까지 엄마의 관심이 반드시 필요합니다. 쉽게 포기하지 않고 바른 자세로 공부하는 습관이 들도록 지도하는 것은 엄마의 몫입니다. 학습지를 시작한다면 엄마도 한동안은 함께 지도할 각오를 해야 합니다.

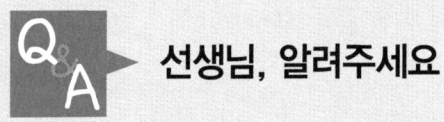 **선생님, 알려주세요**

Q 숙제를 잘 안 하려 해서 도와주다 보니 이제는 아예 하려고 하질 않습니다. 선생님께 꾸중을 들을까 봐 숙제를 자꾸 해주게 되는데요, 좋은 방법이 없을까요?

부모가 아이의 행동을 바꾸기란 참 쉽지 않습니다. 이미 여러 시행착오와 기 싸움을 펼치면서 형성된 부모와 자녀 사이의 암묵적 합의가 있어서 그러한 환경을 바꾸기란 쉽지 않기 때문입니다.

저는 항상 아이에게 어떤 문제가 있을 때는 담임선생님께 협조를 구하라고 권합니다. 사전에 이러이러한 아이의 습관을 고치려고 한다고 말씀드리고 아이가 숙제를 해 오지 않았을 때 야단을 쳐달라고 부탁을 드리는 것입니다. 혹은 학교에 남겨서라도 숙제를 스스로 하도록 시켜달라고 부탁드리는 것이지요.

이러한 사소한 습관들은 저학년 때부터 신경 써서 잡아주는 것이 좋습니다. 아이들이 학교를 다니면서 배우는 것이 결국은 '자기 일은 스스로 하는 것'입니다. 어려워하는 부분을 도와주는 것은 괜찮지만 대신 해주는 것은 좋지 않다는 점을 잊지 마세요.

Q 조카가 개학을 앞두고 방학 숙제를 하는데 엄청 스트레스를 받는 것 같습니다. 방학 숙제가 예전에 비해서 많고 어려운가요?

부모님들이 학교에 다닐 때와는 달리, 요즘에는 학교마다 다른 형태의 방학 숙제를 내줍니다. 그렇다 보니 학교마다 혹은 담임선생님마다 조금씩 다른 형태의 과제를 내주곤 합니다.

또한 아이들은 대부분 평소 숙제보다 방학 숙제를 부담스러워하거나 어려워합니다. 평소 숙제는 주로 학습 진도에 맞춘 예습이나 복습을 하는 것이지만 방학 숙제는 여유 있는 방학 기간을 활용해서 수행하는 조금은 색다른 과제가 많기 때문입니다.

그렇다 보니 평소에 조금씩 준비한 어린이들에게는 별로 부담이 되지 않지만 개학을 앞두고 숙제를 하려고 하면 결코 만만하지 않은 것입니다. 그래서 결국은 방학 숙제가 '엄마 숙제'가 되고 마는 경우도 많습니다. 이렇게 방학 막판에 숙제를 하느라 고생하지 않으려면 방학과 동시에 놀 계획만 세울 것이 아니라 방학 과제를 살펴보고 계획을 세워서 차근차근 해나가는 것이 좋습니다.

예를 들어 그리기 숙제라면 여행이나 체험학습을 다녀온 직후에 하도록 계획을 세우고 독후감 같은 숙제는 평일에 독서를 하면서 해두는 것입니다. 신문 만들기 같은 숙제는 미리 어떤 주제로 신문을 만들지 계획을 세워두고 평소에 놀러 가거나 공연 등을 관람하면서 팸플릿이나 사진 자료를 모아두면 쉽게 할 수 있습니다. 그 밖에 양이 많은 숙제는 평소 시간을 정해 규칙적으로 꾸준히 조금씩 하는 것이 좋습니다.

Q 박물관 관람이나 공연 관람이 실제로 학습에도 도움이 될까요? 주변 아이들은 박물관에 자주 가는 것 같은데 우리 아이는 별로 관심도 없고, 제 생각에도 배우는 것이 별로 없는 것 같아서요. 공부에 도움이 되는 효율적인 박물관 관람법이 있나요?

실제 박물관에 가면 많은 학생들이 메모지나 카메라를 들고 다니는 모습을 어렵지 않게 볼 수 있을 거예요. 박물관에 가기 전에 충분히 공부를 하고 가야만 많은 공부가 됩니다. 그러지 않고 박물관에 간다면 그저 그릇이나 돌멩이를 보고 오는 데 그치기 때문입니다. 그러므로 박물관에 가기 전에 어떠한 것을 보고 와야겠다는 목표를 세우고 방문하시길 바랍니다. 박물관에 전시된 유물이 왜 중요하고 의미가 있는지 미리 알고 가면 직접 보는 감동은 더욱 커집니다.

요즘은 박물관 홈페이지에서도 학습지를 제공하므로, 그런 학습지나 자료를 활용하는 것도 좋은 방법입니다. 인터넷이나 사진을 통해 본 유물을 아이들이 찾아보게 하거나 옆에서 기념 촬영을 하면 아이들도 무척 즐거워합니다. 유물에 대한 설명을 직접 해주기 힘들다면 관련 자료를 인쇄해서 가지고 가는 것도 좋은 방법입니다. 특히 저학년 아이들에게는 관람만 하는 것보다는 다양한 체험프로그램에 직접 참여하게 하는 것이 좋습니다.

Q 학습 만화에 대해서 부정적인 생각을 가지고 있습니다. 주변 부모들은 오히려 학습에 도움이 된다며 학습 만화 전집을 사주기도 하는데요, 제가 너무 만화를 부정적으로 생각하는 걸까요?

책을 싫어하는 어린이들도 만화책은 잘 읽다 보니 아이들이 흥미를 느낄 만한 지식을 만화로 풀어서 설명하는 학습 만화가 쏟아져 나오고 있습니다. 어린이들은 이런 만화를 상당히 좋아하지만 깊은 지식을 얻고자 하는 어린이들은 나중에는 학습 만화보다는 좀 더 자세히 설명하는 책들을 선호합니다. 하지만 사회나 과학, 역사 등에 관심이 없는 아이들에게 학습 만화는 흥미를 가지게 하는 데 어느 정도 도움이 되는 것도 사실입니다. 다만 만화 캐릭터나 게임 캐릭터를 너무 강조한 만화들은 내용보다는 캐릭터 때문에 아이들이 선호하는 경향이 많습니다.

만화책이나 학습 만화를 읽는 것이 나쁜 것은 아니지만 이런 책들만 읽으려 한다면 그것은 문제가 조금 있습니다. 음식으로 치자면 입에 맞는 음식만 골라 먹는 편식과 같은 것이지요. 여러 가지 책을 잘 읽으면서 만화를 읽는다면 걱정을 하지 않아도 되지만, 그렇지 않다면 나중에는 만화책만 보려고 할 수도 있습니다.

이러한 경향이 나타나면 무조건 못 보게 할 것이 아니라 다양한 책을 골고루 읽도록 독서 지도 방향을 바꿔야 합니다. 요일별로 읽을 책을 정해두거나 도서 분류 기호를 골고루 읽도록 지도해주세요. 이번 주는 100번(철학)대를 읽었다면 다음 주는 800번대(문학)를 읽는 것처럼 말이지요. 혹은 도서관에서 책을 대출할 때도 만화책은 한 권만 빌리고 다른 책도 다 읽어야 다음에도 만화책을 읽을 수 있도록 약속을 정하는 것도 방법입니다.

대부분 어머님들이 책을 권하면서 본인은 읽어보지 않는 경우가 많은데요. 아이들이 보는 책들도 수시로 함께 읽어보면 생각하지 못한 도움을 받을 때도 많습니다. 그리고 읽다 보면 이 책이 권할 만한지 아닌지도 판단이 섭니다.

Q 우리는 늘 교과서가 가장 기본이고 중요하다고 이야기합니다. 하지만 실제 주변을 돌아보면 교과서로 공부하는 아이들은 보기 힘들고, 문제집이나 참고서로 공부하는 아이들이 많은데요. 1학년 아이들조차 그래야 하는 것인가요?

교과서만 가지고 공부를 시키기에는 어려움이 많습니다. 실제로 학교에서도 교과서를 가지고 공부하지만 아이들이 교과서에서 제시하는 중요 목표에 도달하도록 하기 위해서 선생님들은 다양한 교수학습자료를 활용합니다. 예를 들어 교과서에는 '1+1=2'라는 것을 인지시키기 위한 설명과 방향이 제시되어 있고, 선생님은 아이들이 그것을 익히고 연습하도록 하기 위해서 다양한 예를 들거나 학습지 동영상 등을 활용하는 것이지요.

하지만 가정에서 교과서를 가지고 지도하려다 보면 할 게 별로 없다고 느껴집니다. 바로 이 부분이 선생님들께서 담당하는 몫인 것이지요. 교과서에 제시된 내용만으로 아이가 학습 목표에 도달한다면 다른 자료는 부수적인 보조 자료가 되겠지만 그것만으로 안 된다면 다양한 전략이 필요합니다. 따라서 교과서를 가지고 배워야 할 것을 알고 학습할 내용을 파악하는 것이 선행되어야 합니다. 그러고 나서 더 깊이 있는 학습이 이루어지는 것이 맞는다고 생각합니다.

하지만 많은 가정에서 이런 부분을 간과하고 있습니다. 즉 1+1의 개념을 이해하려고 하지 않고 바로 문제를 풀어 답을 얻어내는 방법을 택하는 경우가 많습니다. 이런 식의 무조건 문제만 푸는 공부는 목적지가 어디인지도 모른 채 이 차 저 차를 갈아타기만 하는 것과 같습니다.

그러므로 부모님이 교과서를 살펴보고 이 부분에서 아이에게 무엇을 익히게 하려고 하는지 파악하는 것이 중요합니다. 저학년 아이들이 스스로 이러한 학습 목표를 파악하는 것은 쉽지 않습니다. 그렇다 보니 그저 시키는 대로만 열심히 따라 하는 경우가 많습니다. 때로는 그렇게 하다 보면 어느새 목표에 도달하기도 합니다.

하지만 학년이 올라가고 학습 내용이 많아지면 혼란스러워집니다. 따라서 무조건 문제를 풀게 하기보다는 아이에게 지금 배우는 것이 무엇인지 설명해줄 필요가 있습니다. "이거 풀어봐"보다는 "두 개를 더해서 10이 되는 수를 찾아보는 거야" 이렇게 아이들에게 조금 구체적으로 이야기해주는 것이 좋습니다.

Q 자기주도학습이 공부의 핵심이라는 생각이 듭니다. 결국 공부는 자기 스스로 해야 한다고 생각하거든요. 그렇지만 우리 아이를 봐도 그렇고 주변 엄마들의 이야기를 들어도 시키지 않으면 안 하는 아이들이 많은 것 같아요. 학교에서는 스스로 알아서 하는 아이들이 많은지 궁금합니다.

 스스로 알아서 하는 1학년 어린이들은 거의 없다고 보시면 됩니다. 특히 성장 과정에 있는 아이들은 해도 되는 일보다 안 되는 일들이 더욱 많기에 우리는 주로 아이들에게 하면 안 되는 것들에 대한 주의를 많이 줍니다. 가정뿐만이 아니라 학교에서도 마찬가지입니다.

그래서인지 아이들은 대부분 새로운 일을 할 때 상당히 조심스러워 합니다. 따라서 저학년 아이들에게는 스스로 하기만을 기대하기보다는 스스로 할 수 있는 것들을 조금씩 늘려가도록 도와주는 것이 좋습니다. 스스로 공부하는 힘을 길러주는 가장 좋은 방법은 칭찬과 격려입니다. 칭찬과 격려는 스스로 할 수 있다는 자신감을 키워줍니다.

특히 저학년 학생을 키우시는 부모님께 당부드리고 싶은 것은 아이에게 적절한 양의 과제를 내주고 약속을 지키도록 해주는 것입니다. 아이의 성향에 맞게 적절한 과제를 부여함으로써 약속을 지킬 수 있도록 해주면 아이가 성취감과 자신감을 기를 수 있습니다. 반면에 무리한 양의 과제와 지키기 힘든 약속은 아이에게 실패와 좌절감만을 안겨줍니다.

아이에게 적절한 과제를 부여하려면 아이의 능력을 정확히 파악하고 있어야 합니다. 다른 아이와 비교하지 마시고 우리 아이가 무리 없이 해낼 수 있는 양이 바로 적절한 양입니다. 그리고 아이가 과제를 무난히 달성하면 조금씩 난도를 올리거나 양을 늘려나가면서 부모님의 도움도 조금씩 줄여나가는 것이 좋습니다.

결론적으로 말씀드리면, 1, 2학년 때부터 당장 자기주도학습을 하는 아이로 만들려 하기보다는 학습이 본격적으로 시작되는 고학년 시기에 맞추어 자기주도학습 능력을 서서히 길러주는 것이 좋습니다. 주어진 과제를 열심히 수행하고 익숙해졌을 때 비로소 스스로 할 자신감과 능력이 생겨나는 것입니다.

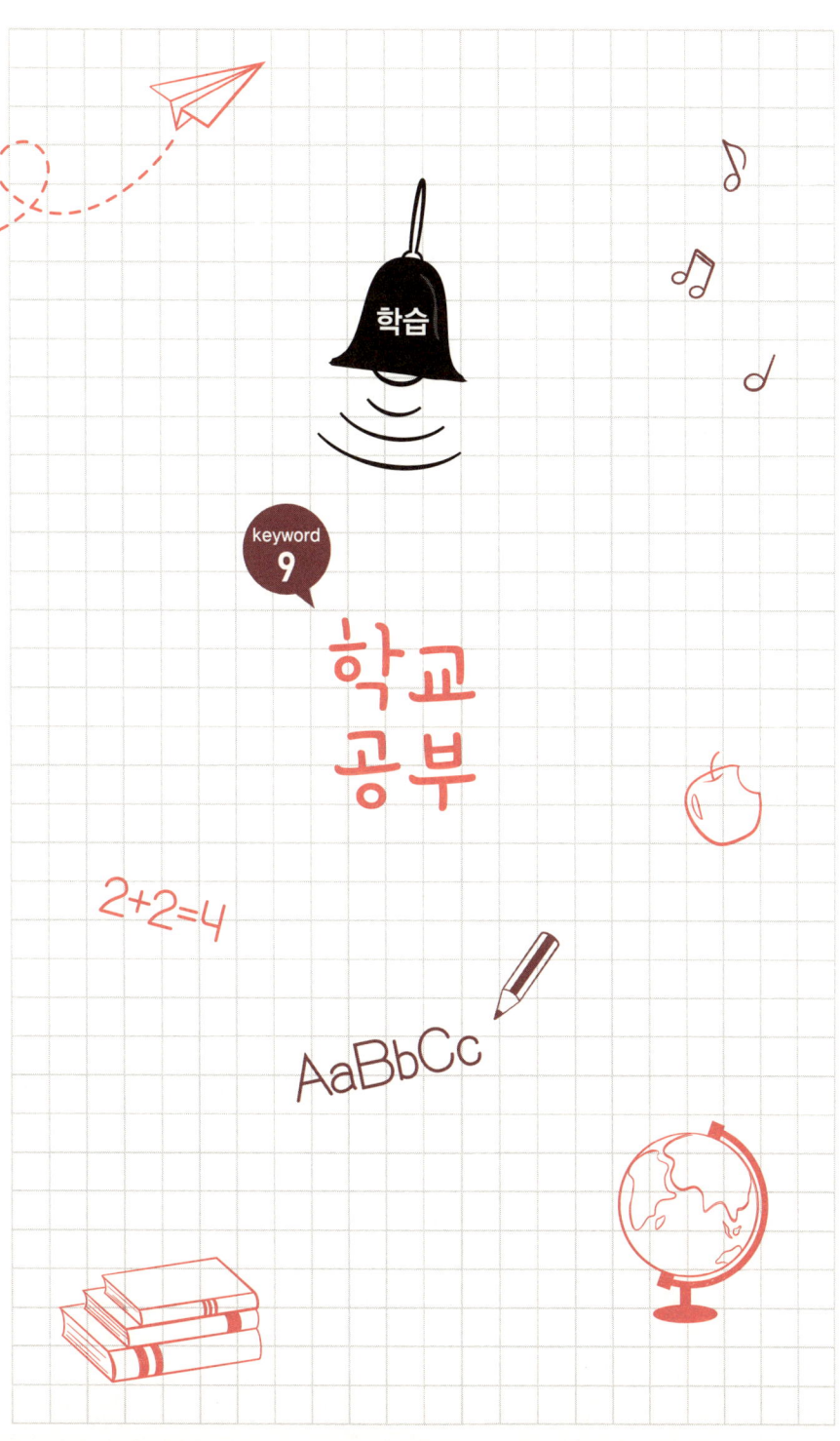

26. 한글은 꼭 떼고 가야 하나요?

한 학부모께서 신입생 예비소집일에 손을 들고 교장선생님께 질문을 하셨습니다.

"요즘 초등학교에서는 한글을 가르쳐주지 않는다는데 입학 전까지 한글을 떼고 가야 하나요? 저는 학교를 믿고 한글 공부를 열심히 시키지 않았는데 주변에서 요즘 한글은 기본이라는 말에 걱정이 됩니다."

이러한 질문에 선생님들의 생각도 가지가지입니다. 주변 분들의 생각도 저마다 다른데요. 요즘에는 '그래도 어느 정도는 해서 가야 하지 않나' 하고 생각하는 분들이 많습니다. 그러면 실제로 1학년 담임선생님들은 어떻게 생각할까요? 실제 학교 현장에서 경험한 두 가지 사례를 들어 이야기를 풀어나가 보겠습니다.

사례 1

학구열이 매우 높은 A초등학교에서 1학년을 맡아 담임을 하다 보니 3월 말부터 시작한 정규 교과 시간에 책을 읽지 못하거나 필기를 하지 못하는 학생이 거의 없었다. 40분인 국어 수업 시간에 해야 할 활동을 대부분 20분이 안 되어 마쳤다. 그래서 교과서 공부 외에 추가로 심화 활동을 준비하고 학습지를 풀거나 다양한 게임을 통해 수업을 구성하였다. 그러다 보니 아이들이 즐겁게 공부하고 좀 더 심화된 학습을 할 수 있었다.

그러나 아직 한글을 잘 읽지 못하고 쓰는 것을 버거워하는 학생들은 학습지를 풀거나 다양한 활동을 하는 중에도 아직 교과서 안의 문제도 해결하지 못해 도움이 필요했고 학습에 흥미를 점점 잃어가는 모습이 눈에 들어왔다. 이러한 아이들에게 속도를 맞추어 수업을 진행하니 나머지 아이들은 이미 해야 할 과제를 다 해놓고 장난을 치기도 하고 아직 한글을 모르는 아이들을 놀리기도 했다. 1학기가 지나가며 한글 공부가 조금 늦었던 아이들도 수준이 비슷해지면서 수업이 원활해졌지만 그중 한 아이는 여전히 한글을 어려워했고 과목 전반에 걸쳐 부진했다.

사례 2

1학년에 들어가니 대부분 아이들이 아직 한글이 서툴렀다. 유치원에서 한글을 모두 떼고 들어온 몇몇 학생들은 수업 시간에 발표도 잘하고 받아쓰기를 할 때도 약간은 으쓱한 기분을 내보이기도 했다. 하지만 교과서 수준에 맞추어 한글을 익히고 문제도 풀어보니 대부분 아이들이 고르게 성장하는 것이 느껴졌다. 한글의 자음자와 모음자를 익히는 것부터 시작하여 낱말 만들기, 문장 완성하기 등을 차례차례 공부했으며, 1학기를 마칠 무렵에는 대부분 아이들이 한글 쓰기와 읽기에 익숙해졌다.

간단하게 두 가지 사례를 들어보았습니다. 교사의 입장에서 보았을 때 첫 번째 사례에서는 아이들의 한글 실력을 높여주는 심화 수업을 진행했고 두 번째 사례에서는 교과 진도에 충실한 수업을 진행했습니다. 이렇게 수업 수준에는 차이가 있었지만, 두 사례 모두에서 한 학기가 지날 때쯤 학급에 있는 대부분 아이들이 적당한 수준의 한글 실력에 도달했습니다. 다른 과목을 떠나 한글만 두고 본다면 크게 걱정하지 않아도 됩니다.

실제로 초등학교 1학년 국어 교과서를 보면 'ㄱㄴ'에서 시작하여 'ㅏㅑㅓ' 같은 자음자와 모음자를 하나하나 익히고, 그런 다음 자음자와 모음자가 합해져 하나의 단어가 되는 것을 배우고, 문장에 알맞은 단어를 넣어 문장을 만들어보게 됩니다. 이러한 과정이 1학년

1학기에 걸쳐 진행되는데 학기가 끝날 때쯤이면 국어 책에 그림일기를 쓰고 자신의 생각을 글로 적는 부분이 나타납니다. 한마디로 말해 1학기가 끝날 무렵에는 자신의 생각을 글로 적을 줄 알아야 하는 것입니다.

따라서 적어도 1학년 1학기 때까지는 한글 공부에 집중해야 합니다. 결론적으로 말하자면 초등학교에 입학할 때쯤에는 글씨를 읽고 칠판에 적힌 한글을 보면서 따라 적을 정도의 실력은 갖추는 것이 좋습니다. 1학기가 끝날 때쯤에는 간단한 일기는 스스로 적을 수 있는 실력을 갖추어야 합니다.

특히 한글은 모든 교과 공부의 기본입니다. 책을 읽고 중요한 내용을 적고 문제를 풀 때도 자기의 생각을 적어야 하므로 일찍 한글을 습득할수록 학습에 유리한 것은 사실입니다. 하지만 아이의 발달 단계를 무시한 채 한글 공부를 강요하면 아예 학습 자체에 흥미를 잃어버릴 수도 있습니다. 그러니 너무 조급하게 한글을 강요하기보다는 계획적으로 꾸준히 지도해야 합니다.

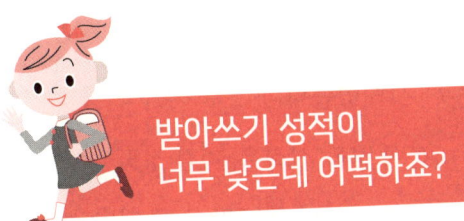

받아쓰기 성적이 너무 낮은데 어떡하죠? 27

제가 1학년을 맡을 때 채점된 받아쓰기 공책을 받을 때마다 상당히 긴장한 표정으로 조심스럽게 공책을 펴보던 미화라는 아이가 있었습니다. 미화는 늘 좋은 점수를 받지 못했습니다. 보통은 60~70점, 때로는 20~30점을 받기도 했습니다.

미화는 유치원 때부터 단짝이던 윤정이와 같은 버스를 타고 등하교를 했는데 받아쓰기 시험을 본 날이면 윤정이가 미화의 받아쓰기 공책을 열어보곤 했답니다. 그러곤 버스에서 내리며 마중 나온 미화 엄마에게 "아줌마, 미화 오늘 70점 받았어요" 이렇게 이야기하곤 했는데, 이것이 미화나 미화 엄마에게 상당한 스트레스를 줬다고 합니다. 게다가 일찍 한글을 익힌 윤정이는 거의 매번 100점을 받다 보니 미화는 자존심도 상할 대로 상한 상태였습니다.

미화 어머니와 상담을 해보니 미화의 한글 실력은 30점 정도를 받을 수 있는 수준이었습니다. 그래서 받아쓰기 시험을 보기 전날 늦게까지 야단을 맞으며 공부한 날은 60~80점이 나오고 엄마가 바빠서 공부를 봐주지 못한 날은 50점을 넘기기도 힘들었습니다.

상담을 마친 후부터 받아쓰기 채점 방식을 바꾸었습니다. 한 문제에 100점씩 해서 모두 맞으면 1000점을 주었습니다. 100점 받은 날 더욱 잘난 척했던 윤정이는 미화의 600~700점 받은 받아쓰기 점수를 본 후부터는 친구의 공책을 펴보는 나쁜 버릇을 바로 고쳤습니다.

거의 모든 초등학교에서는 1학년의 경우 시험을 치르지 않습니다. 그렇다 보니 점수로 표현되는 받아쓰기 결과에 많은 부모님들이 민감한 반응을 보이곤 합니다.

그렇다면 받아쓰기 실력을 끌어올리려면 어떻게 해야 할까요? 가정에서 받아쓰기 시험을 준비할 때 아래에 소개하는 지침을 따른다면 상당히 많은 도움이 될 테니 꼭 실천해보도록 하세요.

1 | 쓰기 공부 전에 읽기 공부를 먼저 하자

1학년 초 학교 선생님이 내주는 받아쓰기 시험문제는 모두 단어

위주의 문제입니다. 이 단어는 국어 책에 나오는 것들입니다. 그러므로 평상시 국어 책을 잘 읽고 활동을 열심히 하는 것이 도움이 되는 것은 당연합니다.

가정에서 매일 소리 내어 국어 책을 한 번씩 읽어보는 것이 받아쓰기 시험에 대비하는 가장 기본적인 방법입니다. 시간은 채 5분도 걸리지 않습니다.

이러한 활동을 통해서 엄마도 자연스럽게 지금 아이가 배우는 수준을 파악할 수 있고 자연스럽게 예습도 됩니다. 이때 아이가 정확히 읽지 못하거나 어려워하는 글자가 있다면 반드시 확인하고 넘어가야 합니다. 쓰기 공부보다 읽기 공부가 먼저임을 잊지 마세요.

2 | 미리미리 준비하자

선생님들은 대부분 시험 보기 전에 어떠한 문제들이 나오는지 공개합니다. 인쇄물 형태로 미리 나누어 줍니다. 이렇게 하는 이유는 미리미리 준비하라는 것입니다. 실력이 좋은 아이는 받아쓰기 시험 전날 틀리는 문제 1~2가지만 연습하면 되므로 쉽게 100점을 받을 수 있지만, 그렇지 않은 아이는 전날 아무리 연습을 해도 100점을 받기 어렵습니다. 아이가 받아쓰기를 어려워하고 점수를 잘 받지 못한다면 미리미리 준비해야 합니다. 어떤 문제로 시험을 보는지 선생님들이 알려주므로 미리미리 준비하면 분명 효과를 볼 수 있습니다.

3 | 반복하고 또 반복하자

10개의 단어를 시험 본다고 할 때 공부를 할수록 모르는 단어가 줄어듭니다. 즉 처음에 10개를 모른다면 공부를 할수록 모르는 단어들이 점점 줄어들고 이런 과정을 거쳐 100점을 받을 수 있게 되는 것입니다.

반복 학습은 한번에 10번을 반복하는 것보다 여러 번에 나누어 하는 것이 효과적입니다. 즉 한 번에 50분을 공부하는 것보다는 5분씩 10번을 하는 것이 효과가 좋습니다. 반복 효과를 극대화하기 위해서 이번 시험문제와 다음 시험문제를 함께 준비하면 좋습니다. 가정에서 1회 정도 시험 진도를 앞서서 준비하면 부모님이 바빠서 챙겨주지 못했을 때도 여유가 있습니다. 즉 1회 시험을 보기 전에 1, 2회를 공부하고 1회 시험을 마치면 2, 3회 이렇게 평소에 공부를 하고 시험 전날에는 다음 날 시험 준비를 철저하게 하는 것이 좋습니다.

4 | 글씨는 크게 쓰자

아이들이 받아쓰기 공책에 글씨를 적은 것을 보면 크기가 제각각입니다. 자신이 있는 아이들은 받침 하나하나 또박또박 적는 반면 틀리는 문제가 많은 아이들은 받침 하나하나가 부정확한 경우가 많습니다. 평소에 글씨를 크게 적으면 자음자, 모음자 하나하나를 정확하게 익힐 수 있고 부정확하게 받침을 적는 일이 줄어들어 글자를 익히는 데도 도움이 됩니다.

5 | 목표는 아이의 수준을 고려해서 잡자

한글을 어려워하는 아이에게는 받아쓰기 100점을 받는 일이 상당히 어려운 일일 수 있습니다. 다행히도 아이가 한글을 잘 익혀서 쉬운 글자들은 잘 틀리지 않는다면 실수를 줄이고 100점을 목표로 해도 좋지만 아직 실력이 부족한 경우 '100점 받기'라는 목표는 아이에게 부담이 될 수도 있습니다.

이런 아이에게는 아이가 학습에 흥미를 잃지 않도록 꾸준히 공부하는 습관을 길러줄 필요가 있습니다. 모르는 단어가 너무 많을 때는 그중에 1, 2개라도 정확하게 쓸 수 있도록 목표를 정하고 지도하는 것이 좋습니다.

한글 익히기 때문에 고생하는 어린이들이 적지 않은 것이 사실이지만 시간이 지나면 대부분 한글을 능숙히 익힙니다. 그러므로 너무 조급해하지 말고 아이의 수준에 맞게 목표를 정해서 꾸준히 나아가는 것이 가장 빠른 길이라는 것을 명심해야 합니다.

28 수행평가가 중요한가요?

사실 '수행평가'는 학부모들에게는 조금은 낯선 용어입니다. 학교에 다닐 때 단원평가, 형성평가, 중간고사, 총괄평가 등 여러 가지 평가에 대한 이야기를 들어보았지만 학교에 수행평가가 들어온 것은 그리 오래된 일이 아닙니다.

단순하게 종이로 된 시험지에 답을 적는 예전의 평가 방식만으로는 평가하기 힘든 부분들이 있습니다. 지식만 평가하는 기존의 필답고사 방식에서 벗어나 수업에 참여하는 태도나 악기를 다루는 기능 등 학교에서 배우는 여러 가지 학습 요소들을 종합적으로 평가하는 것이 수행평가입니다. 학교에서 보는 중간고사나 단원평가도 수행평가 요소 중 지식에 해당하는 부분만 평가하는 것입니다. 반면에 수행평가는 교수학습 전반에 걸쳐 서술형 평가, 선지형 시험, 포트폴리오, 교사의 관찰, 실습, 토론법, 실기 시험 등 다양한 방법으로 이루어집니다.

하지만 여전히 많은 학부모들은 중간고사나 기말고사 점수에만 민감한 것이 사실입니다. 그리고 수행평가는 단순 시험만 보는 것이 아니다 보니 가정에서 아이를 지도할 때 기능적인 면을 길러주거나 연습이 필요한 것이 많고 또한 오랜 기간 보고서를 작성하거나 활동 사항을 꾸준히 모아야 해서 번거롭고 복잡하게 느끼는 부모들이 많습니다.

그렇지만 수행평가는 벼락치기 공부를 해야 하거나 외워야 하는 것이 아니라 평상시 성실하게 해온 활동 내용을 잘 정리하여 제출하기만 하면 되는 경우가 대부분이라서 평소에 평가 계획에 맞추어 꾸준하게 준비하면 그리 복잡한 일은 아닙니다.

수행평가는 어디에 쓰이나요?

초등학교 1학년에 입학하는 순간부터 NEIS라는 생활기록부 시스템에 학생들의 학교생활에 대한 전반적인 정보가 기록됩니다. 이곳에 학생의 성적에 해당하는 부분이 있는데 여기에 수행평가별로 각 영역에 대한 결과가 3단계 혹은 4단계로 기록됩니다. A, B, C, D 혹은 ◎, ○, △ 같은 기호를 이용하여 학교에서 정한 방법에 따라 매학기 3단계나 4단계로 평가 결과가 기록되지요.

 중간고사나 기말평가 점수는 기록되지 않지만 수행평가 결과는 기록으로 남습니다. 이러한 내용을 바탕으로 하여 각 교과별(국어, 수학, 사회 등) 학생의 학습 평가를 서술형으로 적어줍니다. 예를 들어 바른 주법으로 악기를 연주하는 수행평가를 실시했다면 여기에서 나온 성적을 바탕으로 해당하는 교과에 "박자에 맞춰 올바른 주법으로 악기 연주를 잘한다" 혹은 "박자에 맞춰 악기 연주하는 것을 어려워한다"와 같이 통지표에 적어줍니다. 수행평가는 각 교과의 단원별로 중요한 학습 요소를 평가하는 것이므로 성실하게 준비하면 대부분 좋은 결과를 얻을 수 있습니다.

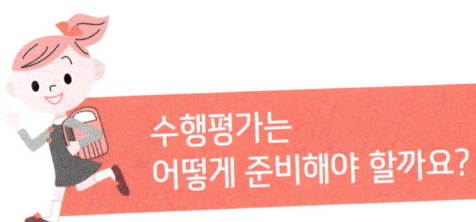

29 수행평가는 어떻게 준비해야 할까요?

초등학교의 수행평가 결과는 입시와는 별로 상관이 없지만 중학교 때부터는 수행평가 결과가 교과 점수에 반영됩니다. 예를 들어 국어가 100점 만점이라면 시험점수가 60점 그리고 수행평가가 40점 이렇게 학교에 따라 배점이 정해집니다. 수행평가 40점이 수업 태도 10점, 과제 제출 10점, 평소 쪽지 시험 성적 20점으로 이루어져 있는 경우 시험에서 60점 만점을 받았더라도 수업 태도에서 5점 감점, 과제를 제출하지 않아서 10점 감점이 되었다면 최종 국어 점수는 85점이 됩니다. 중고등학교에서는 고입이나 대입 전형 시 내신이 상당한 영향을 미치기 때문에 수행평가 점수가 매우 중요해집니다. 그러면 수행평가 점수를 잘 받으려면 어떻게 준비해야 할까요?

1| 수행평가 계획은 새 학기가 시작되기 전 수립된다

각 교과별로 수행평가 영역과 평가 방법 그리고 평가 시기가 미리 정해져서 학교 홈페이지에 공개됩니다. 1학년의 수행평가 계획서를 몇 가지 살펴봅시다.

1학년 1학기 수학 평가 기준표

단원명	영역	성취 기준	평가 방법	평가 시기	성취 수준		
					잘함	보통	노력 요함
2. 여러 가지 모양	도형	여러 가지 물건을 ▨, ▩, ● 모양으로 분류할 수 있다.	지필 평가 관찰 평가	5월 1주	'아기 돼지 삼형제'를 읽고, 모양의 특징을 이용하여 ▨, ▩, ● 모양으로 정확하게 분류한다.	'아기돼지삼형제'를 읽고, 모양의 특징을 이용하여 ▨, ▩, ● 모양으로 분류하나 분류가 부정확하다.	'아기돼지삼형제'를 읽고, 모양의 특징을 이용하여 ▨, ▩, ● 모양으로 분류하지 못한다.
3. 덧셈과 뺄셈	수와 연산	덧셈 식을 뺄셈 식으로, 뺄셈 식을 덧셈 식으로 만들 수 있다.	지필 평가 관찰 평가	5월 3주	실생활 상황을 보고 덧셈 식을 뺄셈 식으로, 뺄셈 식을 덧셈 식으로 만들고, 그 과정을 설명할 수 있다.	덧셈 식을 뺄셈 식으로, 뺄셈 식을 덧셈 식으로 만들 수 있다.	안내된 절차에 따라 덧셈 식을 뺄셈 식으로, 뺄셈 식을 덧셈 식으로 만들 수 있다.
4. 비교하기	측정	구체물의 길이를 '길다, 짧다'는 말을 사용하여 비교할 수 있다.	지필 평가 관찰 평가	6월 1주	여러 가지 물건을 비교하여 길이의 순서로 늘어놓고 설명할 수 있다.	여러 가지 물건의 길이를 비교하여 '가장 길다, 가장 짧다'로 나타낼 수 있다.	두 물건의 길이를 비교하여 '더 길다, 더 짧다'로 나타낼 수 있다.

단원명	대영역	성취 기준	평가 방법	평가 시기	성취 수준 잘함	성취 수준 보통	성취 수준 노력 요함
4. 비교하기	측정	구체물의 무게를 '무겁다, 가볍다'는 말을 사용하여 비교할 수 있다.	지필평가 관찰평가	6월 2주	여러 가지 물건을 비교하여 무게의 순서로 늘어놓고 설명할 수 있다.	여러 가지 물건의 무게를 비교하여 '가장 무겁다, 가장 가볍다'로 나타낼 수 있다.	두 물건의 무게를 비교하여 '더 무겁다, 더 가볍다'로 나타낼 수 있다.
5. 50까지의 수	수와 연산	50까지 수의 개념을 이해하고, 수를 세고 읽고 쓸 수 있다.	지필평가 관찰평가	6월 4주	50까지의 수를 이해하고 수를 세고 읽고 쓸 수 있으며, 실생활 상황에 맞게 사용할 수 있다.	10개씩 묶음의 개수와 낱개의 개수를 이용하여 50까지의 수를 세고 읽고 쓸 수 있다.	구체물 조작 활동을 통하여 50까지의 수를 셀 수 있다.

1학년 1학기 국어 평가 기준표

단원명	대영역	성취 기준	평가 방법	평가 시기	성취 수준 잘함	성취 수준 보통	성취 수준 노력 요함
2. 재미있는 낱자	쓰기	그림에 어울리는 낱말을 넣어 문장을 완성할 수 있다.	지필평가 관찰평가	4월 2주	'기차 ㄱㄴㄷ' 책을 읽고 그림에 알맞은 자음자와 모음자를 모두 채워서 낱말을 바르게 완성한다.	'기차 ㄱㄴㄷ' 책을 읽고 그림에 알맞은 자음자와 모음자를 찾지만, 바르게 완성하지 못한 낱말이 있다.	'기차 ㄱㄴㄷ' 책을 읽고 그림에 알맞은 자음자와 모음자를 찾지 못하고, 바르게 완성하지 못한다.
3. 글자를 만들어요	읽기	글자의 결합 방식을 안다.	지필평가 관찰평가	4월 3주	주어진 낱자로 받침이 없는 글자 4가지를 만들고, 소리 내어 바르게 읽는다.	주어진 낱자로 받침이 없는 글자 2~3가지를 만들고, 소리 내어 읽는다.	주어진 낱자로 받침이 없는 글자를 1가지만 만들고, 소리 내어 읽는 것을 어려워한다.
4. 기분을 말해요	듣기·말하기	듣는 이를 바라보며 자신 있게 말할 수 있다.	관찰평가	5월 1주	듣는 이를 바라보며 또박또박 큰 목소리로 소개하고 싶은 내용을 빠뜨리지 않고 자신 있게 말한다.	듣는 이를 바라보며 소개하고 싶은 내용을 말하지만, 말끝을 흐리거나 목소리가 작다.	듣는 이를 바라보지 못하고, 말끝을 흐리거나 목소리가 작으며 소개하고 싶은 내용을 빠뜨리며 말한다.

6. 문장을 바르게	문학	소리나 모양을 흉내 내는 말을 활용하여 생각이나 느낌을 말이나 글로 표현할 수 있다.	지필평가 관찰평가	6월 3주	문장 속에서 흉내 내는 말을 잘 찾아내고, 어울리는 흉내 내는 말을 넣어 문장을 쓴다.	문장 속에서 흉내 내는 말을 찾아내나, 흉내 내는 말을 넣어 문장을 쓰는 데 능숙하지 못하다.	문장 속에서 흉내 내는 말을 잘 찾지 못하며, 흉내 내는 말을 넣어 문장을 쓰는 데 능숙하지 못하다.
7. 알맞게 띄어 읽어요	문법	문장의 기본 구조를 알고 온점, 물음표, 느낌표를 올바르게 사용할 수 있다.	지필평가 관찰평가	6월 4주	문장 부호에 맞는 이름과 쓰임을 알고, 이를 문장에서 활용할 수 있다.	문장 부호에 맞는 이름과 쓰임을 알고 있으나, 이를 문장에서 능숙하게 활용하지 못한다.	문장 부호에 맞는 이름과 쓰임을 잘 알지 못하며, 이를 문장에서 능숙하게 활용하지 못한다.

이와 같은 내용은 학교 홈페이지에 공개되어 있기도 하지만 '학교알리미' 사이트(www.schoolinfo.go.kr)에 들어가 '학교명 검색→상세정보→6. 학업성취도→학년별 교과별 성적 사항'에 들어가면 확인할 수 있으며 파일을 다운받을 수도 있습니다. 매년 4월과 9월에 학교별로 자료가 올라오므로 시기별로 1, 2학기 계획서와 위에 제시한 기준표를 확인할 수 있습니다. 학교에 따라 내용과 시기가 조금씩 차이가 있으므로 아이가 다니는 학교를 검색하여 확인하면 미리 준비할 수 있습니다.

2 | 관찰평가가 중요하다

수행평가는 학습지나 과제를 통해 이루어지기도 하지만 수행평가 중 관찰평가 결과는 평상시 수업에 참여하는 태도가 좌우합니다. 수업 중에 이루어지는 관찰평가에서는 수업 참여도와 수업 태도가 중요한 영향을 끼칩니다.

예를 들어 국어 교과서에 자신의 생각을 적거나 배운 내용을 정리하는 활동을 할 때 장난만 치면서 친구를 방해하거나 정해진 시간에 하지 않는다면 좋은 평가를 받을 수 없습니다. 관찰평가는 특정한 주제 한 번으로 평가를 결정짓기보다는 여러 번 기회를 주므로 꾸준히 노력을 기울이는 것이 중요합니다. 그러므로 가정에서 평소 수업 태도와 학습 자세를 바르게 하도록 지도해야 합니다.

3 | 이렇게 준비하자

● 수행평가 계획서나 평가 기준을 다운받아 확인했다면 잘 보이는 달력(식탁 주변의 달력을 추천함)에 평가 날짜를 기록해두세요. 계획서를 다운받아 보더라도 한번 보고 그냥 넘어가는 경우가 많은데요, 눈에 잘 띄는 달력에 표시를 해두면 '이번 달에는 어떤 내용을 평가하는구나' 하면서 평가 주제와 내용을 알 수 있습니다. 평소 아이의 학습을 살펴보면서 아이가 조금 약하고 어려워하는 부분들은 미리 준비하도록 하세요. 그러면 갑자기 목요일에 수행평가를 본다는데 뭘 해야 할지 모르는 당혹스러움을 피할 수 있습니다.

- 평가 주제에 대해서 이야기를 나누어보도록 하세요. 아이와 평가 주제를 가지고 이야기를 나누어보면 이러한 내용이 자연스럽게 발표할 거리가 됩니다. 예를 들어 추석에 먹는 음식이나 놀이를 주제로 평가가 이루어질 예정이라면 아이와 마트를 가거나 시장에 갔을 때 "이제 추석이 되니까 여러 과일들이 나오네. 어떤 과일이 나오나 볼까?" 하면서 자연스럽게 이야기를 나누고 주변을 살펴보세요. 이런 활동을 한 어린이는 추석을 주제로 학교에서 학습을 할 때 자연스럽게 발표를 하거나 흥미를 가지고 수업에 참여할 수 있습니다. 따로 내용을 정리해서 공부하기보다는 자연스럽게 학교의 학습 주제와 연계가 되도록 지도하는 것이 좋습니다. 그러려면 평상시 아이가 어떤 주제로 공부를 하는지 아이의 교과서를 살펴볼 필요가 있습니다.

Q&A 선생님, 알려주세요

Q 독서가 학교 공부에 도움이 되는 것은 알겠지만 막상 어떤 책을 읽혀야 할지 생각해보면 막연하기만 합니다. 예비 초등학생이나 1학년 어린이들이 꼭 읽어야 할 책들이 있을까요?

저는 예비 초등학생뿐만 아니라 다른 학년 학생들에게도 꼭 읽어야 할 책들을 권해줍니다. 그것은 바로 교과서에 수록된 도서들입니다. 교과서는 한정된 지면으로 인하여 작품의 전체 내용이 실리지 못하고 중요한 부분만 실리는 경우가 많습니다. 그렇다 보니 아이들이 전체 줄거리는 알지 못하면서 공부하게 되는 경우가 많습니다.

학기 전이나 학기 중에 교과서에 수록된 작품을 책으로 읽으면 전체 줄거리를 알 수 있어 교과서에 실린 부분을 쉽게 이해할 수 있고, 본인이 읽은 내용이 교과서에 나오므로 더욱 흥미를 가지고 공부할 수 있습니다.

 그러면 교과서에 나오는 도서들은 어떻게 알 수 있을까요? 국어 교과서 맨 뒤쪽을 보면 교과서에 수록된 작품들의 제목과 지은이 그리고 출판사가 친절하게 소개되어 있습니다. 하지만 의외로 이런 사실을 모르는 학생이나 부모님이 많습니다. 국어 교과서 뒤에 있는 교과서 수록 도서 목록을 참고하여 평소에 한 권씩 읽으면 학교 공부에 도움이 됩니다. 모든 책을 서점에서 사서 읽을 필요는 없어요. 아마 일부는 이미 읽은 책도 있을 테고요, 학교 도서관에서 대출하여 읽어도 됩니다.

교과서 수록 도서 목록

실린 단원(쪽)	제재 이름	지은이	나온 곳	참고
2단원 (28쪽)	몸으로 자음자 모양 만들기	김시영	"요렇게 해 봐요", 도서출판 마루벌, 2011.	그림
2단원 (36쪽)	'ㄱ' 그림	이보나 흐미엘레프스카	"생각하는 ㄱㄴㄷ", 도서출판 논장, 2005.	그림
2단원 (38~51쪽)	기차 ㄱㄴㄷ	박은영	"기차 ㄱㄴㄷ", (주)비룡소, 1997.	
2단원 (38~51쪽)	기차 ㄱㄴㄷ	박은영	"기차 ㄱㄴㄷ", (주)비룡소, 1997.	그림
3단원 (56쪽)	나무 노래	편해문 엮음	"옛 아이들의 노래와 놀이 읽기", 박이정, 2002.	
3단원 (60쪽)	개구리	한하운	"한하운 시초", 1938.	
4단원 (74~75쪽)	단원 도입	앤서니 브라운	"기분을 말해 봐!", 웅진주니어, 2011.	그림
4단원 (85~97쪽)	재미있는 내 얼굴	니콜라 스미 글, 박현영 옮김	"재미있는 내 얼굴", (주)서울교육, 2007.	
4단원 (84~97쪽)	재미있는 내 얼굴	니콜라 스미	"재미있는 내 얼굴", (주)서울교육, 2007.	그림

Q 공부를 할 때마다 사탕이나 과자를 주다 보니 이제는 사탕이나 과자를 주지 않으면 공부를 하려고 하질 않습니다. 학교에 가서도 그럴까 걱정이 됩니다.

실제로 학교에서도 이러한 상황이 종종 발생하곤 합니다. 아이들이 학습지를 풀 때마다 사탕을 하나씩 주다 보면 사탕이 떨어져 줄 수 없게 되었을 때 하지 않겠다고 하는 아이들이 있습니다. 이런 경우 질문해주신 어머님과 같은 고민에 선생님도 빠지게 됩니다.

학부모들은 대부분 아이가 하기 싫어하는 행동을 하게 만들기 위해서 보상을 해줍니다. 그러나 보상을 반복하다 보면 보상이 없으면 하려고 하지 않습니다. 간식을 먹기 위해 싫은 행동을 참으며 해왔는데 간식도 주지 않는데 왜 해야 하는지 의아하게 생각하는 것이지요.

보상은 목표를 달성하도록 도와주는 수단이 되어야지 그 자체가 목표가 되어서는 안 됩니다. 아이가 보상 자체를 목표로 삼는 순간 주객이 전도되어버립니다. 줄넘기를 예로 들면 줄넘기를 잘하기 위해서 연습하는 것이 아니라 원하는 것을 얻기 위해 그저 줄을 넘게 되고 그러다 결국 줄을 넘는 것에는 성공하겠지만 보상이 없으면 연습을 하지 않게 되는 것이지요.

● 보상은 나쁜 것이 아니다

어떤 일을 한 대가로 보상을 제공하는 일 자체는 나쁜 것이 아닙니다. 이러한 보상은 좋은 행동을 계속하도록 자극하는데, 이런 것을 강화라고 합니다. 하지만 강화를 물질적인 보상으로만 할 수 있는 것은 아닙니다. 정서적인 보상으로도 강화를 할 수 있습니다. 부모의 칭찬도 강화를 돕는 훌륭한 보상이 될 수 있습니다. 따라서 적절한 보상은 보람도 느끼게 해주고 뿌듯함도 느낄 수 있게 해줍니다.

● 내적인 보상의 중요성

먹을 것이나 물건을 보상으로 제공하는 것도 좋지만 운동을 하고 건강함이나 상쾌함을 느끼거나 부모님을 돕고 뿌듯함을 느끼는 것처럼 눈에 보이지 않지만 좋은 감정을 느끼게 하는 것이 더욱 좋습니다. 이런 내적인 보상은 물질적인 보상보다 동기부여 효과가 더 뛰어납니다.

부모들이 대부분 물질적인 보상만을 아이에게 제공하다 보니 아이들은 보람과 뿌듯함을 느끼기보다는 단지 얻고 싶은 물질을 얻는 것을 목표로 행동하게 됩니다. 그리고 보상은 조금씩 커져서 나중에는 작은 선물로는 아이가 움직이려 하지도 않습니다.

따라서 되도록 칭찬을 통해서 아이가 보람을 느끼게 하고 물질적인 보상은 소소한 선물 정도로 하는 것이 좋습니다. 예를 들면 스티커 한 장이나 간단한 간식 같은 것이 좋습니다. 이러한 방법을 통해서 소유욕을 채워주는 보상이 아닌 마음을 채워주는 보상을 해주어야 합니다.

아이가 물질적인 보상에 길들여져 있다면 한동안은 보상을 중단해야 합니다. 그 대신 아이의 행동을 칭찬함으로써 아이가 기분이 좋도록 만들어주는 것이 좋습니다. 그리고 난 후에 적절한 물질적 보상을 곁들이도록 하세요. 지나치게 값비싼 물건을 통한 보상은 얻는 것보다 부작용이 많다는 점을 명심하세요.

학습

keyword
10

사교육

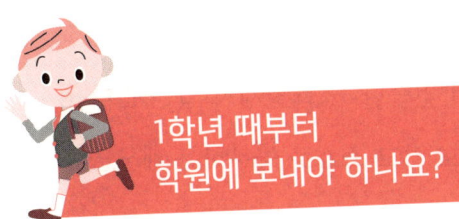

30. 1학년 때부터 학원에 보내야 하나요?

주위 엄마들과 이야기를 하다 보면 학원에 보내지 않는 아이가 없을 정도로 대부분 아이들이 학원 한두 곳 정도는 다니고 있습니다. 그렇다 보니 우리 아이만 학원에 보내지 않으면 뒤처지지 않을까 하는 불안감이 들고, 한두 문제 틀린 학습지를 보다 보면 '그래 학원에 보내자'는 마음이 마음속에서 싹터 오릅니다.

그런데 과연 초등학교 1학년 학생을 학원에 보내야 할까요? 저는 학부모 상담 시에 학원에 보내는 것을 만류하는 편입니다. 그 이유는 학원에 가서 얻는 것보다 잃는 것이 많기 때문입니다. 초등학교 1학년 아이는 엄마 혼자서도 충분히 가르칠 수 있습니다. 엄마가 곁에서 매일 한 시간 정도만 꾸준히 받아쓰기와 연산을 가르치면 학교 공부를 따라가는 데 전혀 지장이 없습니다. 그렇게 매일 꾸준히 공부하면서 학습 습관을 잡아주기도 하고 스스로 공부하는 태도를 길러주면서 독서에만 신경 쓰면 충분합니다.

그러면 학원을 다니느라 허비하는 시간이나 비용을 아끼고 여러 가지 신경 써야 할 거리에서 벗어날 수 있습니다. 특히 활동적인 아이들은 많은 친구들이 다니는 학원에 가면 더욱 산만해지는 역효과가 생기기도 합니다.

하지만 엄마가 돌봐줄 시간이 없다면 믿을 만한 공부방을 활용하는 것도 한 방법입니다. 방문 학습지를 적절히 활용하는 것도 괜찮습니다. 다만 엄마가 아무리 바쁘더라도 아이가 배우는 내용을 살펴보고 점검해주는 과정은 필요합니다.

아이를 키워본 경험자이자 교사의 입장에서 한 가지 조언을 더 드리자면 저학년은 음악이나 미술, 태권도 같은 예체능에 시간을 투자하는 것이 좋습니다. 학습 부담이 많지 않은 저학년 때 다양한 예체능을 접하도록 하고 학년이 올라가면서 아이가 좋아하는 한 가지 정도만 꾸준히 하면서 학습 쪽으로 신경을 써주는 것이 좋습니다.

특히 저학년 때는 예체능을 잘하는 아이가 학교생활을 잘합니다. 1, 2학년의 교육과정에는 색칠을 하거나 노래를 부르며 배우는 활동들이 많기 때문입니다. 저학년 때는 예체능을 중심으로 하고 학년이 올라가면 교과학습 위주로 포커스를 맞추어주세요.

결론적으로 이야기하자면 초등 1학년 때 교과 학습 위주의 학원은 NO! 다양한 자기계발을 위한 학원은 OK!

31 아이가 가고 싶다는 학원과 부모가 보내고픈 학원이 달라요

지아는 영어 학원에 다닌 적이 있습니다. 그런데 학원에 다녀온 후 밤늦도록 영어 숙제를 하느라 힘들었던 기억이 있어서 두 번 다시는 영어 학원에 다니고 싶지 않습니다. 활동적인 성격의 지아는 태권도 학원을 다니고 싶습니다. 친구들과 신 나게 뛰면서 잡기 놀이도 하고 때때로 닭싸움도 하고 소리 지르며 운동을 하는 것이 너무 좋습니다.

엄마는 꾸준히 해오던 영어 학원을 두 달 동안 쉰 것이 후회가 됩니다. 그동안 열심히 배운 것들을 잊어버리지 않을까 걱정이 됩니다. 그래서 다시 영어 학원을 다니라고 했더니 지아는 영어 학원은 다니지 않겠다고 합니다. 억지로 보냈다가 영어를 아예 안 하겠다고 할까 봐 걱정도 됩니다.

위 사례처럼 부모가 보내고픈 학원과 아이가 다니고 싶어하는 학원이 다를 때는 어떻게 하는 것이 좋을까요? 부모의 생각을 그대로 따라야 할까요? 아니면 아이가 해달라고 하는 대로 해주는 것이 바른 결정일까요?

만약 시간적·경제적으로 여유가 있다면 두 학원을 모두 다니도록 해주는 것이 좋습니다. 하지만 여유가 없다면 아이와 대화를 통하여 우선순위를 정하는 것이 좋습니다. 이런 의사결정 과정을 거치는 것 자체가 훌륭한 교육입니다. 부모의 요구를 무조건 강요하다 보면 겉으로는 잘 따라오는 것 같아 보여도 내적으로 문제가 발생할 수 있습니다.

탄산음료가 건강에 도움이 되지는 않을지라도 덥고 갈증 나고 지친 순간에는 활력을 불어넣을 수 있듯이, 비록 부모 눈에는 별로 도움이 되는 활동이 아닌 것 같아도 자녀가 즐거워하는 활동이라면 그것만으로도 충분히 가치가 있습니다. 아이가 무언가를 배우고 싶어 하는 욕구를 꺾기보다는 적절히 조절할 수 있도록 대화를 나누어보는 것이 좋습니다.

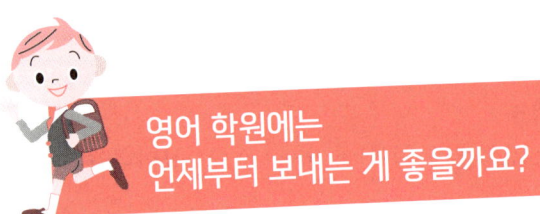

32 영어 학원에는 언제부터 보내는 게 좋을까요?

 현재 초등학교에서는 3학년부터 영어를 배웁니다. 하지만 실제로 초등학교 3학년이 되어서야 영어 공부를 시작하는 아이들은 거의 없습니다. 그렇다 보니 학교 현장도 혼란스럽습니다. 가르치는 선생님은 영어를 처음 시작하는 아이를 대상으로 구성된 교재로 수업을 진행하지만 이미 영어 공부를 한 지 몇 년이나 되는 아이들까지 교실에 앉아 있기 때문입니다.

 교사 입장에서는 모든 아이들이 같은 지점에서 출발하여 열심히 공부하면 좋겠다는 생각이 들지만 이미 저 앞에서 열심히 앞으로 달리는 아이들이 상당히 많습니다. 그리고 이런 현실이 부모님들을 더욱 불안하게 만듭니다. 되도록 일찍 시작하지 않으면 안 된다는 불안감에 휩싸이게 만듭니다. 초등학교에 입학하기 전 영어유치원을 다닌 아이들도 많다 보니 1학년 때 시작한 아이도 한참 뒤떨어져 보입니다. 이런 분위기에 휩싸이면 결국 중심을 잃어버리게 됩니다. 이리 기웃 저리 기웃 끌려만 다니다가 시간과 학원비만 낭비하고 아이의 실력 향상에는 별 도움을 받지 못하는 결과를 가져오고 맙니다.

이렇게 분위기에 휩쓸리지 않으려면 다음 네 가지를 유념해야 합니다.

● 학원은 하나의 수단일 뿐이다

영어 학원을 보내는 것은 영어 실력을 향상시키기 위해서입니다. 즉 영어 공부를 위한 하나의 수단으로 학원을 선택하는 것이죠. 그렇지만 영어 공부를 한다고 모두 학원을 다니는 것은 아닙니다. 엄마가 가르치는 경우도 있고 학습지나 개인 과외 등 영어 실력 향상을 위해 선택할 수 있는 방법은 다양합니다. 그러니 학원을 고집하기보다는 다양한 방법 중에서 우리 아이에게 맞는 적절한 방법을 선택하도록 하세요.

● 명확한 목표가 필요하다

영어 공부가 아이들을 힘들게 하는 가장 큰 이유는 바로 끝이 없기 때문입니다. 영어 선생님들조차 계속해서 영어를 공부하는 것을 보면 분명 영어 공부는 끝이 없습니다. 그렇다고 목표를 정할 필요가 없는 것은 아닙니다. 교재를 떼는 것을 목표로 정해도 좋습니다. 다만 목표를 이루는 데 걸리는 시간은 아이의 실력에 따라 조정할 필요가 있습니다.

아무런 목표도 설정하지 않고 그냥 '이제 영어 공부를 해야겠다'는 생각으로 시작하지는 마세요. 교재나 교육과정을 충분히 고민한 후에 공부를 시작하도록 하세요. 그래야 중간중간 바르게 가고 있는지, 속도는 적당한지, 방향은 정확한지 확인할 수 있습니다.

● 영어 공부는 단거리달리기가 아니라 마라톤이다

일찍 영어 공부를 시작한 아이와 영어를 배운 적 없는 아이를 비교해보면 벌써 엄청난 차이가 벌어진 것 같아 보이지만 실제 이런 차이는 그리 큰 차이가 아닙니다. 영어유치원을 다녀 원어민 교사와 간단한 일상의 인사를 나눌 줄 아는 1학년 아이와 이제 영어 공부를 시작할까 생각하는 1학년 아이는 커다란 차이가 있어 보이지만 이것은 단지 선행으로 인한 차이일 뿐 실제 차이는 그리 크지 않습니다.

장기간 꾸준히 해야 일정 수준에 도달하는 어학 교육의 특성상 몇 년 늦게 시작했다고 극복할 수 없는 간극이 벌어지는 것은 아닙니다. 결국 얼마나 일찍 시작하느냐가 아니라 꾸준히 노력하느냐가 미래의 영어 실력을 좌우하는 것입니다. 1학년은 영어 공부를 시작하기에 절대 늦은 시기가 아닙니다. 학원에 다니느냐 안 다니느냐가 아니라 얼마나 매일 꾸준히 공부하느냐가 중요하다는 점을 잊지 마세요.

● 한글 공부를 잘해야 영어 공부도 잘한다

영어 공부에 목숨을 거는 엄마들이 선택한 서울의 유명 사립학교의 교장선생님이 입학 설명회에 모인 학부모들에게 이렇게 말씀하셨습니다.

"모두 영어 교육에 관심이 많으신데요, 한 가지 부탁을 드리겠습니다. 입학 전에 그림책도 많이 읽고 받아쓰기 연습도 열심히 해서 학교에 보내주세요. 아이들의 영어 실력은 학교에서 영어를 공부하기에 충분합니다. 그런데 국어 때문에 어려움이 많습니다."

실제로 제가 1학년 담임을 할 때도 영어 조기 교육을 받은 데다 영어유치원까지 다녔고 방과 후 매일 영어 공부를 두 시간 이상 하는 아이가 있었습니다. 그런데 이 아이는 받아쓰기와 학습지를 푸는 것을 다른 아이들보다 상당히 힘들어했습니다. 한글 실력이 부족해 학습지에 적힌 질문을 이해하는 능력이 현저히 떨어졌기 때문입니다. 영어는 우선 국어부터 잡아놓고 시작해도 늦지 않습니다.

선생님, 알려주세요

Q 1학년 때 미술 학원을 보낼 필요가 있을까요?

1학년 때는 그림을 잘 그리는 아이가 그림 그리는 것을 힘들어하는 아이보다 이점이 상당히 많습니다. 수학 학습지를 풀 때도 숫자에 맞게 풍선을 색칠하거나 그림으로 나타내는 과제들이 나오곤 하는데요, 저학년이다 보니 문자보다는 그림을 이용한 활동이 많은 편입니다. 대표적으로 그림일기를 꼽아보면 그림을 잘 그리는 아이는 그림일기를 쓰는 것을 즐거워하지만 그림 그리기를 어려워하는 아이에게는 그림일기가 부담스러운 과제가 되어버리고 맙니다.

어려서부터 그림 그리기를 좋아하고 미술 활동을 즐겁게 접한 아이라면 상관없지만 그림 실력이 유아 수준에 머물러 있거나 색칠하는 것을 버거워하는 아이라면 미술에 시간을 조금 투자하는 것이 좋습니다.

Q 학원에서 예습을 하는 것이 나쁜 걸까요?

선행학습을 예습과 혼동하는 분들이 많은데요, 아직 배우지 않은 내용을 미리 배우는 것이 선행학습입니다. 그에 반해 예습은 곧 배울 내용을 동기나 흥미를 유발하는 정도로 미리 공부하는 것을 말합니다.

대부분 학원에서 가르치는 내용은 예습이 아니라 선행학습입니다. 요리로 이야기하자면 예습은 메인 요리를 먹기 전에 입맛을 돋우기 위해 먹는 애피타이저라면, 선행학습은 내일 먹을 아침을 오늘 저녁에 미리 먹는 것입니다.

이런 선행은 진도 경쟁으로 이어져 더 많이 더 일찍 배우려고 하다 보니 결국은 진도만 나가고 실력을 다지는 데는 실패하는 경우가 많습니다. 나중에 학원을 선택할 때도 진도를 빨리 나가는 학원보다는 지금 배우는 내용을 깊이 있게 가르치는 학원을 택하는 것이 좋습니다.

지나친 선행은 지금 먹는 저녁밥도 내일 먹는 아침밥도 맛없게 만들어버리는 결과를 초래할 수 있으니 지금 공부하는 내용을 깊이 있게 공부하도록 지도하는 것이 좋습니다.

Q 책 읽기를 싫어하는데 논술학원이 도움이 될까요?

단순히 책을 읽게 하기 위해서라면 논술학원이 도움이 될지는 모르겠지만 독서 교육을 할 때 가장 중요한 것은 스스로 책을 읽게 하고 독서를 즐겁게 만들어주는 것입니다. 아이의 독서 습관은 엄마의 그림책 읽어주기에서 시작합니다. 그렇게 책을 읽는 즐거움을 알게 된 아이는 글씨를 터득하면서 스스로 책을 읽고 그림책에서 점점 더 내용이 있는 책으로 흥미를 옮겨 가게 됩니다.

독서 교육에서 무엇보다 중요한 것은 '독서의 즐거움'을 느끼도록 해주는 것입니다. 아이가 책 읽기를 그다지 좋아하지 않는데 억지로 읽게 하는 것은 오히려 독서를 더 싫어하게 만들 뿐입니다.

그러니 아이가 책 읽기를 싫어한다면 아이가 관심과 흥미를 느끼는 분야의 책을 함께 읽는 것부터 시작하세요. 아이의 연령보다 조금 수준이 낮은 책도 괜찮고 만화책도 괜찮습니다. 그런 다음 독서에 조금씩 흥미를 붙이기 시작하면 좀 더 깊이 있고 다양한 분야의 책을 읽도록 지도해주세요. 독서를 싫어하는 어린이가 아니라면 권장 도서를 읽거나 도서관에 새로 들어온 신간을 소개해주시길 바랍니다.

Q 스스로 공부하기 힘들어하는 아이에게는 사교육이 도움이 되지 않을까요?

아직까지 우리나라에는 반복하고 외우는 노력으로 좋은 성적을 받는 공부 방식이 사라지지 않고 남아 있습니다. 그렇다 보니 학원에서 중요한 것을 반복적으로 강조하고 외우게 하면 어느 정도 성적이 향상되고 효과가 있는 것처럼 느껴지는 것이 사실입니다. 하지만 대학 입시나 학교의 평가 방법이 점점 단순한 암기로 문제를 해결하기보다는 충분한 사고를 통해 깊이 있는 답을 요구하는 방향으로 변하고 있습니다.

따라서 단순 지식을 묻는 평가 방법을 기준으로 생각한다면 학원에서 받는 사교육이 성적을 올리는 효과적인 방법임이 틀림없지만, 이러한 공부 방법은 공부에 대한 흥미를 잃게 만드는 부작용이 있다는 것을 명심해야 합니다. 이렇게 머리를 혹사시키는 공부 방식은 수업에 대한 흥미는 물론 수업에 대한 집중도도 떨어뜨립니다.

그리고 이러한 공부법은 스스로 핵심 내용을 파악하고 익히는 방식이 아니라 남이 가르쳐주는 것을 그저 받아먹기만 하는 방식입니다. 그래서 이러한 공부법에 익숙해지면 나중에는 자기가 뭘 공부해야 하는지도 모르는 상황이 발생하기도 합니다.

초등학교 단계에서는 많은 지식을 쌓는 데 초점을 맞추기보다는 아이가 스스로 공부할 수 있는 여건을 만들어주고 스스로 공부할 수 있는 능력을 길러주는 데 초점을 맞춰서 지도해야 합니다. 그래서 단순히 문제를 풀고 외우는 것보다는 핵심 내용을 스스로 정리해보는 것이 더 중요합니다.

초등학교를 다니는 아이에게 우선적으로 알려주어야 하는 것은 외워야 할 내용이 아니라 공부하는 방법입니다. 하지만 이 두 가지는 따로따로 배우는 것이 아닙니다. 배울 내용을 타의에 의해서 익히는 잘못된 습관을 들이지 않도록 주의할 필요가 있습니다.

Q&A

못다 푼 궁금증을
풀어요

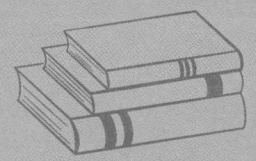

1│ 학교에 갈 때 옷은 어떻게 입어야 하는지 신경이 쓰입니다. 어떤 복장이 좋을까요?

학교에 선생님을 만나러 가거나 볼일이 있어 가게 되면 은근히 옷차림이 신경이 쓰이는 것이 사실입니다. 집에서 입는 옷차림 그대로 가기는 왠지 남사스럽고 화장도 하고 옷도 챙겨 입고 가려니 부담스럽기도 합니다. 그렇지만 학교에 패션쇼를 하러 가는 것이 아니니 부담을 가질 필요는 없습니다. 학교는 아이들을 가르치는 곳이니 지나치게 화려한 복장을 피하고 단정하고 깨끗한 옷차림이면 충분합니다. 직장을 다니는 분이라면 출근 복장이면 충분하고 전업주부라면 너무 튀는 복장보다는 편안한 캐주얼 복장이면 됩니다.

2│ 선생님이 좋아하는 학부모 유형이 있을까요?

선생님이 좋아하는 학부모 유형을 꼽는 것은 어렵지만 선생님을 불편하게 하는 학부모 유형이 있는 것은 사실입니다. 간혹 수업 중에 전화를 걸거나 연락 없이 불쑥 찾아오는 분들이 있는데 이런 경우에는 여러 가지로 불편함을 느낍니다. 수업 시간은 선생님의 일과 중에서도 가장 중요한 시간입니다. 서로 믿으며 예의를 지키는 사이가 가장 바람직하다고 생각합니다.

　자녀가 학교에 다니게 되면 여러 가지 일들로 선생님과 만나거나 전화통화를 할 일이 생길 수밖에 없습니다. 교사로 지내다 보니 주변 친구들이나 동료들에게 학부모나 선생님을 만난 후에 기분이 좋아지거나 조금은 불쾌했던 이야기들을 듣곤 하는데요, 이런 일들은 대부분 상대방에 대한 기본적인 예절을 잘 지키거나 혹은 그러지 못해서 생기는 경우가 많았습니다.

　선생님이 학부모보다 어리다는 이유로 반말을 하거나 반대로 선생님이라고 하여 다소 권위적인 모습으로 학부모님을 대하는 일 등이 대표적인 사례였습니다. 서로 기본이 되는 예의를 지키는 것만으로도 좋은 인상을 남길 수 있다는 점을 명심하세요.

3 | 아이가 선생님에 대한 불만을 이야기하는데, 아이에게 어떻게 이야기를 해주어야 할까요?

우선 아이의 마음을 공감해줄 필요가 있습니다. "그런 일이 있었니? 너 정말 기분이 좋지 않았겠구나." 이렇게 먼저 아이의 마음을 받아주세요. 그리고 나서 잠시 시간이 지난 후에 좀 더 자세한 이야기를 들어보고 필요한 조언을 해주는 것이 좋습니다.

실제로 선생님이 잘못한 부분이 있을 수 있습니다. 그렇다고 아이 앞에서 선생님 험담을 늘어놓거나 흉을 보는 것은 바람직하지 않습니다. 그러면 아이가 교사를 신뢰하지 못하게 되어 아이와 선생님 사이가 멀어질 수 있기 때문입니다.

선생님과 대화가 필요한 경우에는 아이가 모르게 따로 전화 통화 등을 통해서 선생님과 대화를 하는 것이 좋습니다. 아이들은 전후사정은 고려하지 않고 순간적으로 기분이 상해 선생님께 서운한 감정을 느끼는 경우도 많습니다. 하지만 사정을 알아보면 사소한 오해에서 비롯된 경우가 대부분입니다. 따라서 아이의 마음과 이야기는 받아주시되 같이 마음 상해 하기보다는 어떻게 된 상황인지 잘 알아보고 그에 따라 대화를 통해 해결하는 것이 좋습니다.

4 | 학교에서 다치면 치료비를 받을 수 있다는데 정말인가요?

학교는 학교안전공제회라는 보험에 가입해 있습니다. 그래서 교육 활동 중이나 하교 시에 다치거나 부상을 당하면 치료비를 지원받을 수 있습니다. 예를 들어 체육 시간에 달리기를 하다가 넘어져서 다친 경우에도 치료비를 보상받을 수 있습니다. 따라서 아이가 학교생활 중에 부상을 당해서 병원 치료가 필요한 경우 치료비 지원이 가능합니다. 학교 안에서 일어나는 거의 모든 사고에 대해서 보상을 받을 수 있습니다. 뿐만 아니라 수학여행 같은 학교 행사 시에도 보상을 받을 수 있으니 꼭 알고 계시길 바랍니다.

사고 발생 시 안전공제회의 지원을 받고 싶다고 선생님께 요청하면 선생님께서 사고 통지서를 작성하여 신청을 해줍니다. 치료받은 영수증을 잘 보관하고 계셨다가 선생님이 안내해주는 방법에 따라 영수증이나 필요한 서류를 제출하면 됩니다. 금액이 크지 않다면 병원비 영수증만 챙겨두면 되지만, 금액이 큰 경우에는 진단서가 필요하기도 합니다.

단 명확한 가해자가 있는 경우에는 가해자가 책임을 지고 보상해야 합니다. 이런 일은 생기면 안 되겠지만, 개구쟁이 남자 아이들은 장난을 치다가 친구를 다치게 해서 치료비를 물어주는 일이 생기기도 합니다. 그러니 이와 관련된 보험을 하나 들어놓는 것도 혹시 일어날지 모를 사고에 좋은 대비가 됩니다. 실제로 함께 놀거나 장난을 치다가도 팔이 부러지거나 이빨이 부러지는 사고를 당하는 일들이 적지 않게 일어나곤 합니다. 이런 일이 생기면 미안하다는 사과만으로 그냥 넘어가기는 힘듭니다. 이런 경우 보험에 가입해두었다면 도움이 됩니다. 따로 가입하기보다는 아이의 보험을 가입하면서 특약을 추가하는 것이 부담을 줄일 수 있는 방법입니다.

5 | 체험학습을 신청하면 출석으로 인정된다고 하던데요. 한 달 정도 외국에 있는 이모 집에 다녀오는 것도 가능할까요?

학생의 다양한 경험과 체험학습을 위해 체험학습을 신청한 경우 출석으로 인정받을 수 있습니다. 금요일에 할머니 생신 잔치에 참여하기 위해서 학교를 빠지고 다른 지역에 있는 할머님 댁에 방문하는 경우 현장체험학습 신청을 하면 출석으로 인정받을 수 있습니다. 하지만 이렇게 인정받을 수 있는 기간은 1년에 7일입니다.

　따라서 외국에 있는 이모님 댁을 방문할 경우 7일까지는 현장 체험학습으로 출석을 인정받을 수 있지만 그 이후의 기간은 결석으로 처리됩니다. 체험학습을 신청하고 싶다면 담임선생님께 신청서를 받아서 작성하거나 학교 홈페이지에서 신청서를 내려받아 작성하여 담임선생님께 제출하고 다녀온 후에는 간단한 결과 보고서를 제출하면 됩니다. 다음은 일반적인 신청서 양식이니 참고하세요.

체험(가족) 학습 신청서

	담임	교감	교장
		전결	

학습참가자	학년 반 성명 :
학습주제	
학습내용	
일 시	201 . . . ~ 2014. . . (일간)
장 소	

위와 같이 체험(가족) 학습을 신청하오니 허가하여주시기 바랍니다.

2015년   월   일

( ) 학년 ( )반 학생명 : (   )

신청인 학부모 : (   ) (인)

6 | 현장체험학습을 다녀오면 보고서를 제출해야 한다고 하는데 너무 힘들지 않을까요?

고학년은 사진을 넣고 워드로 문서를 작성하여 제출하기도 합니다. 그러나 1학년 학생들이 보고서를 만들어 제출하려고 하다 보면 자칫 엄마의 숙제가 되어버리기 쉽습니다. 저학년이라면 그림이나 일기 형식으로 작성하는 것을 추천합니다. 혹은 두 가지가 결합된 그림일기 형식으로 제출해도 무방합니다.

대체로 보고서 상단에는 체험학습 일시와 장소, 내용을 적고 하단부에는 그림이나 본 것, 느낀 점, 새로 알게 된 것이나 소개하는 글 등을 간단히 적어 완성하면 됩니다. 조금은 서툴거나 단순하더라도 아이가 스스로 할 수 있도록 도와주면서 완성하는 것이 좋습니다. 이렇게 보고서를 스스로 만들어보는 것도 아이에게는 훌륭한 교육이 됩니다. 그리고 자신이 다녀온 여행을 떠올리면서 머릿속으로 정리할 수 있는 장점도 있으므로 어떠한 형식이든지 아이와 함께 간단하게 꾸며보는 것이 좋습니다.

7 | 아직은 어린 1학년 아이에게도 생활 계획표를 세워 실천하게 할 필요가 있을까요?

학교생활 자체가 하나의 계획표에 따라 움직이는 생활입니다. 아침 등교 시간부터 수업을 시작하고 끝나는 시간까지 정확하게 지켜집니다. 그리고 매시간에 배우는 교과나 활동이 다 계획대로 진행됩니다. 사실 선생님들은 3월을 시작하기 전에 적어도 1학기 수업 계획을 모두 세워둡니다. 아이들 모두 계획에 맞추어 활동을 하는데, 이것이 가능한 것은 매시간 할 일을 정해서 알려주고 점검하는 선생님이 있기 때문입니다.

하지만 가정에서는 엄마가 선생님처럼 하기가 쉽지 않지요. 따라서 1학년 때는 체크리스트를 활용하면 좋습니다. 하루에 해야 할 일들 중에서 아이가 한 일은 스스로 동그라미를 치게 하는 방법입니다. 이렇게 하면 해야 할 일이 무엇인지 알 수 있습니다.

먼저 해야 할 일들을 목록으로 작성해보세요. 매일 해야 할 일도 있고 때로는 요일별로 해야 할 일도 있습니다. 집에 돌아와 신발을 가지런히 두기나 옷 걸어두기처럼 매일 해야 할 일과 피아노 레슨이나 학습지 등 요일별로 할 일을 정리한 목록을 만들어 아이가 표시하게 하세요.

그런 다음 해야 할 일의 목록을 바탕으로 시간 계획을 함께 세우세요. 시간 계획을 세우면 시간을 좀 더 효율적으로 사용할 수 있습니다. 이렇게 계획을 세웠더라도 막상 실천하다 보면 지키기 어렵거나 수정을 해야 할 경우가 생깁니다. 그럴 때는 조금씩 보완하면서 아이에게 맞는 시간 계획을 만들어가면 됩니다.

학년이 올라가면서 발전하는 아이와 그렇지 못한 아이의 가장 큰 차이는 자기관리에 있습니다. 자기관리의 기본은 바로 시간 관리입니다. 우수한 학생들은 스스로 공부 계획을 세우고 시간을 관리하는 능력이 뛰어납니다. 반면에 성적이 나쁜 학생들은 대부분 지금 어떤 과목을 어떻게 공부해야 하는지도 잘 모릅니다. 어려서부터 계획을 세워보고 실천하는 연습을 하는 것이 자기관리의 첫걸음임을 명심하기 바랍니다.

8 | 해야 할 일이나 공부를 자세히 일러주고 스스로 하도록 잔소리를 하는데도 알아서 하지를 않아서 걱정입니다. 아이에게 문제가 있는 걸까요?

저학년 학생들이 자기가 할 일을 알아서 하지 않는 것은 지극히 '정상'입니다. 만약 모든 일을 스스로 하는 어린이들이 있다면 저학년 때는 이런 아이들이 오히려 특이한 경우에 속합니다. 하지만 고학년이 되어서도 계속해서 부모의 손길이 필요하다면 이것 또한 문제입니다. 조금 편안하게 마음을 먹고 꾸준히 엄마가 아이를 꼼꼼하게 돌보아주는 것이 중요합니다. 저학년 때는 숙제, 공부, 생활습관을 아이에게 맡기기만 하기보다는 함께 꼼꼼하게 챙겨주는 게 좋습니다. 저학년 때 엄마의 꼼꼼함은 아이가 자라서 스스로 자기 일을 꼼꼼히 해내는 원동력이 됩니다. 자신이 해야 할 일들을 정리한 목록을 만들어 눈에 잘 보이는 곳에 붙여두고 스스로 한 일에 표시하도록 하는 것도 도움이 됩니다.

9 | 손을 조작하는 능력이 중요하다고 하는데 어떻게 하면 향상시킬 수 있을까요?

많은 부모들이 아이가 가위질을 잘 못하면 대신 해주곤 합니다. 그렇지만 아이가 어색해하고 힘들어할 때 대신 해주기보다는 조금만 거들어주면서 스스로 노력해서 과제를 달성하도록 지켜봐주는 것이 좋습니다. 엄마가 대신 해주는 것은 아이가 잘할 수 있는 기회를 엄마가 빼앗아버리는 것입니다.

가위질하기, 풀 뚜껑을 열고 스스로 풀칠하기, 종이 접기, 자를 이용해서 선 그리기 같은 활동이 손 조작 능력을 기르는 데 많은 도움이 되므로 아이가 스스로 연습할 수 있도록 도와주세요.

10 | 쉬운 덧셈인데도 계속해서 손가락으로 계산을 합니다. 열심히 덧셈을 가르쳤는데도 나아지지를 않습니다. 이래도 학교 공부를 따라갈 수 있을까요?

결론부터 말하자면 괜찮습니다. 손가락을 이용해서라도 계산을 한다는 것은 기본적인 셈의 원리를 알고 있다는 뜻입니다. 이러한 연습을 충분히 반복해서 익숙해지면 손가락을 이용하지 않고도 자연스럽게 계산을 하게 됩니다. 자연스러운 과정이니 야단을 치기보다는 칭찬해주고 더욱 많은 계산을 할 수 있도록 연습시켜 주세요.

11 | 맞벌이로 퇴근이 늦은 편입니다. 직장에 다니는 엄마가 특히 신경 써야 할 점이 있을까요?

아이를 키우며 직장 생활까지 하기란 여간 어려운 일이 아닙니다. 일반적으로 직장 생활로 엄마가 바쁜 경우 준비물을 빠뜨리고 챙겨 오지 않는 일이 많습니다. 숙제를 빼먹고 오는 일도 종종 있습니다. 미처 확인을 하지 못해서 생기는 일인데요, 늦게 퇴근을 하더라도 알림장을 꼭 확인하고 필요한 준비물을 챙겨주세요. 그리고 자녀에게 풀이나 가위 등 개인 준비물의 유무를 수시로 확인해주세요.

알림장을 늦게 확인해서 미처 준비물을 챙기지 못했을 때는 그냥 아이를 보내기보다는 선생님께 간단한 메시지를 보내주시면 좋습니다. "선생님 제가 어제 알림장 확인이 늦어 종이 박스를 준비하지 못했습니다. 죄송합니다."

이렇게라도 간단히 연락을 주시면 선생님이 도와주거나 상황을 고려할 수 있지만 덜컥 미술 시간이 되어서야 준비물이 없다고 하면 아이가 위축되고 맙니다. 평소 같은 반 엄마 한두 분과 친분이 있다면 그분들께 긴급 SOS를 요청할 수도 있겠지요. 직장 맘이라면 집에서 아이를 챙기는 엄마 한두 분과 미리 친분을 쌓아두는 것도 좋습니다. 평소 신세를 진 일이 많다면 주말에 아이의 친구들을 데리고 영화 관람이라도 다녀오세요. 그렇게 매일 아이를 돌보는 엄마들에게 꿀맛 같은 휴식을 선사한다면 센스 있는 직장 맘이 될 수 있습니다.

엄마가 직장 일을 하느라 바쁘면 아이는 엄마가 자신에게 무관심한 것 같다고 생각하기 쉽습니다. 따라서 직장에 다니더라도 퇴근 후 한 시간 정도는 단둘이 있으면서 아이에게 관심을 쏟아주는 것이 정서적으로 도움이 됩니다. 이때 엄마의 이야기를 하기보다는 아이의 이야기를 들어주고 아이가 하고 싶은 것을 함께 해주는 것이 좋습니다. 양보다 질이라고 했습니다. 짧은 시간이더라도 아이에게 충분히 애정을 주고 관심을 기울이면서 아무래도 부족할 수밖에 없는 대화에 신경을 써주는 것이 좋습니다.

12 | 직장을 다니고 있는데, 1학년 시기가 참 중요하다고 해서 고민이 많습니다. 회사를 쉬거나 그만두는 엄마들도 있던데 그럴 필요가 있을까요?

쉽지 않은 문제로 고민이 많으시겠네요. 동료 선생님들 중에서도 아이가 초등학교에 입학하는 시기에 잠시 휴직을 하는 분들이 많습니다. 그만큼 1학년이 중요한 시기라는 것을 선생님들은 알고 있습니다. 하지만 가정마다 경제 상황이나 육아 상황이 모두 다르므로 한마디로 직장을 쉬라고 말씀드리기는 어려울 것 같습니다.

사정이 허락한다면 1학년 입학 후 1학기 정도는 휴직을 하는 것을 고려해보는 것이 좋습니다. 휴직을 함으로써 뒤따르는 어려움도 많겠지만 아이에게는 무엇과도 바꿀 수 없는 선물이 될 것이라고 생각하기 때문입니다. 초등학교 여름방학이 7월 말에 시작되므로 3월부터 7월까지, 이렇게 5개월 정도 육아 휴직을 신청하는 것도 하나의 방법입니다.

육아휴직이란 만 8세 이하나 초등학교 2학년 이하의 자녀를 둔 근로자가 자녀를 양육하기 위해서 사용하는 휴직으로 보통 통상임금의 40퍼센트를 지급받으며 휴직을 실시할 수 있습니다.[고용노동부 고용보험 안내 사이트(https://www.ei.go.kr) 참조]

13 | 요즘 학교에 체육복이 없다고 하는데 체육 시간에 어떤 옷을 입혀서 보내는 것이 좋을까요?

요일별로 체육이 있는 날을 표시해두었다가 그날은 편안한 복장으로 보내는 것이 좋습니다. 겨울철에는 긴 운동복에 헐렁하지 않은 상의를 입히고 코트처럼 무겁고 긴 옷보다는 가볍고 활동하기 편한 점퍼를 입히는 것이 좋습니다. 여름철에는 반바지에 면 티셔츠를 입혀서 보내는 것이 활동하기에 가장 좋습니다.

14 | 1학년 아이들에게도 용돈이 필요할까요? 만약 필요하다면 얼마나 주어야 좋을까요?

대부분 1학년 선생님들은 용돈을 가지고 등교하는 것을 금지하고 있습니다. 1학년 아이가 돈을 사용할 일이 거의 없고 분실 또는 도난의 우려가 있으며, 그럴 경우 학급 내에서 좋지 못한 일들이 일어나기도 하기 때문이지요. 결론적으로 말해서 아직 1학년 아이들에게 용돈을 주는 것은 득보다는 실이 많습니다. 대신 아침에 지우개를 하나 사 가야 하거나 색종이를 하나 사 가야 할 때처럼 지출이 필요한 경우에는 물건 가격에 맞는 돈을 주어 구입해보게 하는 것은 좋은 경험이 될 수 있습니다.

15 | '혁신학교'가 좋다고 주변 전셋값도 오른다는데, 일부 신문보도 등을 보면 혁신학교가 문제가 많다고도 합니다. 혁신학교는 어떤 곳인가요?

혁신학교는 기존의 입시 위주의 주입식·암기식 교육에서 벗어나 아이들이 즐거워하고 학부모들이 만족하는 학교를 만들기 위해서 지정한 학교로 보시면 됩니다. 따라서 혁신학교는 학교마다 서로 달라서 한마디로 '이런 학교다'라고 이야기하기는 힘듭니다. 실제로 학교에 다니는 학생이나 학부모들은 만족도가 높고, 기존 한국 교육의 문제를 고민하는 부모님들 중에서는 혁신학교를 선택하는 분들도 많습니다.

혁신학교 주변의 집값이나 전셋값이 오르는 것으로 보아 대부분의 혁신학교는 여러 면에서 만족도가 높은 것으로 보입니다. 원하는 학교가 있다면 해당 학교 홈페이지 등을 통해서 내용을 자세히 알아보는 것이 좋습니다.

혁신학교의 학업 성취도가 낮다고 비판하시는 분들이 있는데요, 혁신학교가 학업 성취도가 낮은 것은 처음에 혁신학교가 생겨날 때는 학업 성취도가 낮은 지역의 학교를 선정했기 때문입니다. 혁신학교가 아닌데도 성적이 훨씬 떨어지는 일반 학교가 있는 것을 보면 혁신학교라서 성적이 낮다는 비판은 맞는 말이 아닌 것 같습니다. 나름대로 장점이 많은 혁신학교를 선택하는 것도 결코 나쁜 선택이 아닙니다.

16 | 아이의 같은 반 친구들에게 간식을 돌리고 싶은데요, 그래도 괜찮을까요?

뜨거운 태양 아래 가을 운동회 연습을 마치고 교실로 돌아올 때 마침 운동회 연습 광경을 지켜보시던 학 학생의 어머님께서 교실로 아이스크림을 보내주셔서 모든 어린이들이 감사히 먹은 경험이 있습니다. 반면에 아이의 생일을 맞아 어머님이 떡을 보내주셨는데 아이들이 나누어 먹고는 점심 급식을 잘 먹지 못한 적도 있습니다. 이처럼 학교에 간식을 돌리는 일이 있기는 하지만, 공식적으로는 모든 학교에서 외부 음식을 반입하는 것을 불허하고 있습니다. 외부 음식으로 인한 식중독 같은 문제가 발생할 수 있기 때문입니다.

하지만 선생님이 아이들 포상용으로 사탕을 주기도 하고 아이들끼리 간식을 주고받는 것을 강제로 막는 것은 불가능합니다. 시기나 상황에 따라서 달라질 수 있으므로 간식을 꼭 넣고 싶다면 사전에 담임선생님께 전화를 드려 양해를 구하고 문제가 되지 않는 방법으로 전달하는 것이 좋을 것 같습니다.

17 | 아이가 책 읽기를 너무 싫어해요. 야단도 쳐보고 부드럽게 이야기도 해보았는데 그래도 책을 읽으려 하질 않아서 어떻게 해야 할지 모르겠습니다.

우리가 독서를 할 때 어떻게 시작을 하나요. 엄마가 읽어주는 책을 보면서 독서를 시작합니다. 아이에게 책을 읽어주시되 재미있는 부분은 더욱 실감나게 표현하면서 읽어주세요. 아이에게 책을 읽어주다 보면 어떤 책을 아이가 좋아하는지 혹은 어떤 책이 아이의 수준에 적합한지 파악할 수 있습니다. 이런 활동을 통해 독서에 흥미를 붙이게 하고 아이의 수준에 적합한 책을 고르는 것이 중요합니다.

아울러 독서 환경도 중요합니다. 혹시 엄마는 드라마를 크게 틀어놓고 보면서 아이에게는 책 읽기를 강요하고 계시지는 않는지요? 매일 책을 읽기 힘들다면 주말에라도 시간을 내서 가족이 함께 책을 읽어보세요. 그리고 함께 도서관 나들이를 가서 아이가 관심을 보이는 책을 한 권씩 사주는 것도 좋습니다. 매번 책을 구매하기 부담스럽다면 도서관에서 대출을 받으셔도 좋습니다. 휴일에 도서관으로 나들이를 가거나 서점 구경을 가는 것도 좋습니다.

18 | 아이가 항상 책을 읽어달라고 하고 혼자 읽으려 하질 않아요. 이렇게 계속 읽어주어야 하는 걸까요?

아마도 어머님이 재미있게 책을 읽어주시는 것 같습니다. 이렇게 해보세요. 책을 읽어 주실 때 끝까지 다 읽어주지 마시고 중요한 부분까지만 읽어주세요. 그렇게 하면 아이는 다음 이야기를 궁금해하면서 호기심이 생겨나고 다음 내용을 상상하는 능력도 기르게 됩니다. 이때 이렇게 이야기해주면 됩니다. "궁금하면 네가 읽어보렴."

   책이 길어지고 내용이 많아지면 읽어주는 것도 쉬운 일이 아닙니다. 아이와 교감하는 소중한 시간이라고 생각하고 정해진 시간 동안 읽어주는 것도 좋은 방법입니다. 잠들기 전에 10분 동안 책 읽어주기처럼 말이지요. 어쩌면 아이는 엄마와 단둘이 시간을 보내고 싶은 마음에 책을 읽어달라고 하는 것일 수도 있습니다.

19 아이에게 책을 읽게 한 후 다양한 독후 활동을 하고 있습니다. 그런데 생각만큼 아이가 즐거워하지 않고 책 읽기를 지겨워하는 것 같습니다. 아이가 독후 활동을 즐겁게 할 수 있는 좋은 방법이 없을까요?

드라마를 보고 나서 주인공의 이름을 쓰고, 주인공이 어떤 생각으로 어떤 행동을 했는지 정리해서 표현하고, 주인공에게 편지를 써보는 등 다양한 과제가 주어진다면 드라마를 재미있게만 볼 수 있을까요? 글씨 쓰기를 어려워하는 아이에게 책을 읽고 주인공에게 편지를 쓰게 하면 이것은 즐거운 독후 활동이라기보다는 지겨운 과제가 되어 버리고 맙니다. 독서의 즐거움을 오히려 빼앗아버리는 것입니다.

요즘 독서 교육에 도움이 된다고 선전하는 자료들이 수없이 쏟아지고 있는데, 그러한 자료 때문에 오히려 독서에 흥미를 잃어버리는 아이들이 많습니다. 우선 아이가 자연스럽게 독서를 즐기고 독서의 재미를 맛볼 수 있는 환경을 만들어주세요. 이유식에도 단계가 있듯이 책 역시 아이에게 적절한 수준의 것으로 제공해야 합니다. 독서에는 분명 즐거움이 숨어 있습니다. 하지만 그 즐거움을 발견하지 전까지는 지겹게 느낄 수도 있습니다. 또한 독서의 즐거움은 부모가 강요한다고 느낄 수 있는 것도 아닙니다.

부모가 해줄 수 있는 최선은 다양한 독서 환경에 노출시켜주고 기회를 제공해주는 것입니다. 독서를 한 후 과제를 내주기보다는 우선은 책을 읽는 즐거움을 느끼도록 해주시길 바랍니다.

가장 좋은 방법은 서점 나들이입니다. 자연스럽게 책을 보도록 하고 스스로 책을 골라서 읽게 해주는 것입니다. 그 밖에도 도서관 나들이 그리고 책 읽어주기 같은 활동이 저학년 아이들이 책을 좋아하게 만드는 좋은 기회가 될 것입니다.

20 | 요즘은 '스토리텔링 수학'이라는 말을 많이 듣는데 기존의 수학이랑 어떤 점이 다른가요?

스토리텔링이란, 스토리story와 텔링telling이 합쳐진 말입니다. 한마디로 수학적 문제 해결이 필요한 이야기를 통해서 수학적 개념이나 문제를 해결하는 방법을 익히는 것을 말합니다. 예전에는 교과서에 "3-2=1"이라고 적혀 있었다면 지금은 "현서가 가지고 있는 머리핀이 3개였는데 소은이가 빌려 간 후에 1개가 남았습니다. 소은이는 몇 개를 빌려 갔을까요?" 같은 실생활의 이야기나 그림 등으로 구성되어 있습니다.

그렇다 보니 국어 능력이 부족한 아이는 1학년 때부터 수학 시간에 어려움을 겪습니다. 국어를 흔히 '도구교과'라고 표현하기도 합니다. 국어 자체가 교과이기도 하지만 다른 교과를 배울 때 도구가 된다는 뜻입니다. 따라서 입학 초기에 국어 공부를 소홀히 하지 않도록 관심을 기울여야 합니다.

21 | 아이가 초등학교에 입학하면 혼자서 길을 다니기도 해야 하는데 사실 걱정이 너무 많습니다. 등하굣길에 나쁜 사람이라도 만나면 어쩌나 걱정도 되고요. 아이에게 특별히 주의시켜야 할 사항은 무엇인가요?

유괴나 아동 성폭력 같은 사건이 터지면 전국의 모든 부모님들이 '우리 아이에게도 저런 일이 생기면 어쩌나' 하고 걱정과 불안에 빠집니다. 우리가 아이들에게 교육을 할 때는 "모르는 사람은 절대 따라가면 안 돼"라고 가르치지만 이런 사건은 면식범의 소행인 경우가 많습니다.

아이들은 얼굴을 본 적이 있으면 아는 사람이라고 생각합니다. 따라서 아이들에게 주의를 시킬 때 따라가도 되는 사람을 알려줄 필요가 있습니다. 예를 들어 "할아버지 할머니 같은 가족은 따라가도 괜찮아" "이웃 중에서 7층 이모는 따라가도 괜찮아" 이렇게 구체적으로 알려주는 것이 좋습니다. 그 밖에 다른 사람들은 아는 사람이어도 따라가면 안 된다고 알려주어야 합니다.

22 | 요즘에는 아이들에게 한자 공부도 시켜야 한다는 말을 많이 들었는데요. 그래서 아이에게 한자를 가르치려고 해보았지만 쉽지 않더군요. 한자가 정규 교과목도 아니고 교과서에 한자가 나오는 것도 아닌데 한자를 가르칠 필요가 있는지 궁금합니다.

우선 어머님께서 한자 공부의 필요성을 절감하지 못하다 보니 소극적으로 지도해보신 것 같습니다. 저는 단순히 한자어를 많이 알기 위한 한자 교육이 아니라 국어 공부를 위한 한자 교육에 목표를 두어야 한다고 생각합니다.

우리가 사용하는 국어는 '한글+한자'로 구성되어 있습니다. 따라서 한자를 아는 것은 어휘력 신장에 도움이 되고 문장을 이해하는 능력과 표현하는 능력을 기르는 데도 큰 도움이 됩니다. 또한 한자를 익히면서 자연스레 공부법을 터득할 수 있습니다. 보고 읽고 적고 외우는 과정을 반복하면서 무언가를 배우기 위해서 노력하는 자세를 익히게 됩니다.

아이의 호기심과 관심도에 따라 다르겠지만 유치원 수준에서는 8급 수준의 50자에서 시작해서 초등학교 졸업 시에 5급 정도의 실력을 갖추는 것을 목표로 진행하면 무리가 없을 것 같습니다.

우선 한자를 보고 읽을 수 있도록 공부를 시작해주시길 바랍니다. 아주 적은 양을 반복하여 학습하여 부담 없이 배우도록 해주시길 바랍니다. 매일 5분씩 한자 카드를 읽어보는 공부 방법을 추천합니다.

단 한자를 쓰게 하는 것은 금물입니다. 쓰기까지 하게 하면 아이가 너무 부담을 느껴 한자 공부에 흥미를 잃을 수 있기 때문입니다.

요일에 들어가는 한자인 '달월, 불화, 물수, 나무목, 쇠금, 흙토, 해일' 이렇게 7글자부터 시작해서 8급 한자 50글자를 익히되, 하루에 5자 정도를 읽어보고 "달월이 어디 있지?" 같은 간단한 퀴즈를 내서 맞는 한자를 찾아보게 하세요.

글자를 보고 음과 훈을 말할 수 있을 정도로만 지도하다 보면 아는 단어와 모르는 단어가 확실하게 구분이 됩니다. 아이에 따라 익히는 속도에는 차이가 있지만 아이들은 한자 이해력이 무척 뛰어나서 꾸준히 반복하다 보면 모두 터득하게 됩니다.

정리하자면 한자를 위한 한자 공부를 하지 말고 국어 공부를 위한 한자 공부를 시작하십시오. 절대 무리하지 말고 적은 양의 과제를 꾸준히 할 수 있도록 지도해주세요. 그런 다음 8급 한자에 어느 정도 익숙해지면 한자검정시험에 도전해서 성취감을 느끼도록 해주세요.